Marie Anne Berlé

Ich bin hier zu Haus
Mein Leben im Altenheim

Quell

EDITION JOHANNES KUHN BAND 8

Beiräte:
Prof. Dr. Hans Bausch, Dr. Herta Däubler-Gmelin,
Marliese Dieckmann, Dr. Heino Falcke,
Ingeborg Geisendörfer, Ernst Haar, Thilo Koch,
Dr. Andreas Kruse, Thomas Küttler,
Lothar de Maizière, Harald Rössle,
Prof. Dr. Dr. Dietrich Rössler,
Ministerin Barbara Schäfer, Heike Schmoll,
Dr. Axel Schramm, Hansjörg N. Schultz,
Prof. Dr. Hans-Joachim Thilo,
Oberkirchenrat Tilman Winkler

Unter Beratung von
Ministerin a. D. Annemarie Griesinger,
Dr. med. Peter Neuffer,
Pfarrer Hermann Schäfer

ISBN 3-7918-1807-4

© Quell Verlag, Stuttgart 1992
Printed in Germany · Alle Rechte vorbehalten
1. Auflage 1992
Umschlaggestaltung: Klaus Dempel
Umschlagfoto: Ewald Stark
Satz und Druck: Ebner Ulm

INHALT

- 5 Das neue Leben
- 12 Der gedeckte Tisch und andere Angebote
- 19 Unsere Nachbarschaftshilfe – Von Zuhören bis Knöpfe annähen
- 30 Späte Freundschaften
- 38 Wenn sich Mißtrauen ausbreitet
- 44 Das Beziehungsnetz der Familie
- 51 Wenn man plötzlich so viel Zeit hat
- 60 Besuch im Pflegeheim
- 66 Angst und die Suche nach sich selbst
- 75 Menschen, die um unser Wohl besorgt sind
- 81 Wir und unsere Heimleitung
- 85 Kontakte nach »draußen«
- 86 DIE FREIWILLIGEN HELFERINNEN UND HELFER
- 88 DIE SITZWACHE
- 91 Ich bin hier zu Haus
- 95 Die Autorin

DAS NEUE LEBEN

Irgendwann, später, wenn ich allein bin, geh' ich ins Heim«, so hatte ich mir das vorgestellt und mich vorsorglich angemeldet. Und dann kam natürlich alles ganz anders. Seit ich Frührentnerin geworden war, lebte ich wieder mit meiner Pflegemutter zusammen. Dann mußten wir beide ins Krankenhaus, und der Arzt machte uns klar, daß wir es allein in unserem kleinen Haus mit dem Garten nicht mehr schaffen würden. Also: Altenheim. Er hatte ja recht. Aber ... Wir sahen uns an, holten tief Luft. »Ruf an im Heim«, sagte meine damals 90jährige Pflegemutter, »es sollte wohl sein.« »Sie können ein Apartment haben«, sagte der Heimleiter, »vor zehn Minuten ist eine Anmeldung rückgängig gemacht worden. Aber Sie müssen sich bis 11 Uhr entscheiden.« Das war um 10 Uhr.

Eigentlich hatten wir uns ja schon entschieden. Wenn so ein Entschluß aber unwiderrufliche Realität werden soll, ist es doch etwas anderes. Es war sicherlich gut, daß wir nur so wenig Zeit hatten für die Entscheidung. Kein langes Hin- und Herüberlegen: Sollen wir – sollen wir nicht? Meine Pflegemutter schloß für einen Moment die Augen. Ich glaube, dabei nahm sie Abschied von der geliebten Umgebung. Dann nickte sie: »Ja, dann nimm mal an«, und schmunzelnd meinte sie: »Siehst du, nun erleben wir auch das noch miteinander!«

Mit der Hilfe von guten Freunden schafften wir den Umzug tatsächlich in zwei Wochen. Als wir an einem scheußlichen, düsteren Novembertag übersiedelten, war meine Pflegemutter von ihrer schweren Krankheit noch nicht wieder ganz hergestellt. Wie meine Freundin und ich sie nun langsam durch die Eingangshalle des Heimes zum Aufzug führten, war mir nicht klar, wieviel sie von ihrer neuen Umgebung wahrnahm. Auf einmal blieb sie stehen, sah sich um und sagte: »Ja, hier kann ich gut leben.« An dieser Feststellung hat sich in all den Jahren nichts geändert.

Wir haben uns später manchmal gefragt, was uns und dann auch unsere Gäste so positiv beeindruckt hat. Immer wieder war die Antwort: »Es kann nur die Atmosphäre des Hauses sein.« Eine ziemlich nichtssagende Antwort. Denn, was ist das eigentlich, dieser viel strapazierte Begriff »Atmosphäre«? Ich glaube, man kommt der Antwort näher, wenn man davon ausgeht, daß es neben den hörbaren, sichtbaren, greifbaren Kommunikationsmöglichkeiten noch andere gibt, die man mit seinen Sinnen nicht wahrnehmen kann. Dann darf man sagen, daß die Atmosphäre eines Hauses durch das Zusammenwirken aller Gedanken, Gefühle und jeglichen Tuns der Bewohner und Mitarbeiter entsteht. Damit nun diese Kräfte in einem harmonischen Ganzen zusammenwirken, bedarf es Menschen, die die Richtung weisen. Und das war in unserem Fall die Heimleitung. Und daß es die richtige Richtung war, zeigt wohl die Tatsache, daß – wie ich später erfuhr – die Bewohner von Anfang an das Gefühl hatten, nicht nur bequem und gut versorgt »zur Miete zu wohnen«, sondern daß sie sich »zu Hause fühlten«. Unsere Heimleitung sieht in der Führung des Hauses nämlich nicht nur einen »Job«, sondern einen »Beruf«, eine Aufgabe, eine tägliche Herausforderung, der sie sich immer wieder von neuem stellt.

Unser erster Eindruck ist also geblieben. Wir haben unseren Entschluß nie bereut. Unser »neues Leben« hat sich sozusagen nahtlos an das alte angeschlossen: Wir haben das »Früher« nicht etwa verdrängt, aber wir haben zu Anfang nie davon gesprochen. Wir hatten einfach keine Zeit dazu. Es gab so viel Neues zu erleben, zu beobachten. Und später, als wir uns eingewöhnt hatten, sprachen wir von »früher« nicht mit Heimweh und Bedauern, sondern, ohne daß wir uns dessen bewußt waren, richteten wir uns nach dem Spruch: »Nicht weinen, daß es vorüber, lächeln, daß es gewesen.« Ich weiß nicht mehr, wer das gesagt hat. Auf jeden Fall ist er sehr hilfreich. Bis zu einem gewissen Grade kann man diese Einstellung wohl lernen. Meine Pflegemutter und ich hatten sie »mit auf den Weg bekommen«. Wir waren also bereit, uns an die neue Situation anzupassen.

Diese innere Bereitschaft fehlt bei vielen Heimbewohnern. Ich denke oft, wie einfach manche Menschen es haben würden, wenn sie sich nicht gegen das Neue wehren würden. Es macht natürlich viel aus, ob man sich »draußen« mehr oder weniger immer im gleichen Lebensraum bewegt hat, oder ob man, wie meine Pflegemutter und ich, durch unsere Berufe daran gewöhnt waren, immer mit neuen Menschen, neuen Gruppen zusammenzuarbeiten.

Und noch eines darf man nicht vergessen: Wir waren zu zweit, als wir ins Heim kamen. Es war also immer jemand da, mit dem man reden konnte. Mit dem man lachen konnte. Ich habe im Laufe der Jahre, die ich hier im Hause lebe, sehr wenig Menschen getroffen, mit denen ich lachen konnte. Und wenn ich sie nicht dazu gebracht hätte, wären es noch weniger gewesen. Im allgemeinen ist man viel eher bereit zum Trübseligsein als zum Heitersein. Meine Pflegemutter und ich lachten über manches kleine Mißgeschick, über das andere Leute sich geärgert hätten, oft tagelang.

Und noch etwas half uns beim Eingewöhnen: ich bin ein »neugieriger« Mensch. Auch meine

Pflegemutter war »neugierig«, bis zu ihrem Tode mit fast hundert Jahren. Daß es kein Mißverständnis gibt: mit »neugierig« meine ich nicht, daß man hinter anderen Leuten herschnüffelt, sondern daß man begierig ist, andere Lebensbereiche, andere Menschen kennenzulernen. Neugierig auch, wie man selbst damit fertig wird. Darum sagten wir nicht, wie viele alte Menschen: »Das Altenheim ist nur ein Wartesaal zum Tode.« Wir sagten uns: »Jetzt fängt ein neuer Lebensabschnitt an. Ich bin gespannt, wie das alles werden wird. Wir werden noch manches lernen müssen.«

Das stimmt. Ich habe es im Laufe der Jahre erfahren. Denn das Altenheim muß nicht ausnahmslos für alle Bewohner der Ort sein, an dem sie gut aufgehoben sind. Und weiter nichts. Das wäre Passivität. Das Altenheim soll ja ein Ort sein, an dem man *leben* kann. Leben aber heißt lernen. Eine jetzt über 90jährige Bewohnerin sagte mir einmal: »Zuerst war es sehr schwer für mich hier. Ich war todtraurig. Aber jetzt bin ich sehr glücklich. Ich habe so viel gelernt. Die Zeit hier war ein großer Gewinn für mich.«

Lernen? Im Altenheim? Was kann man da lernen? werden manche vielleicht fragen. Eine ganze Menge, scheint mir. Man kann zum Beispiel lernen, sich nicht nur – wie bisher, hauptsächlich für Angehörige und Freunde zu interessieren, sondern

Zeit und Geduld aufzubringen für die Sorgen und Nöte von Menschen, mit denen man sich nicht unbedingt verbunden fühlt, die aber Hilfe und Zuspruch brauchen. Man kann lernen, bereit zu sein für neue Freundschaften. Eine Bewohnerin meinte einmal, dafür sei man ja wohl zu alt, es lohne doch nicht mehr. Das halte ich für eine schreckliche Einstellung. Ich meine, es lohnt immer, jeder Tag lohnt sich, an dem man neue Freundschaft erfährt und pflegt. Denn wenn man sich gegen Freundschaft im Alter verschließt, heißt das doch wohl, daß man ein wesentliches Stück Leben in sich abtötet, nämlich die Kraft, zu lieben. Wer aber nicht mehr lieben kann, ist lebend tot. Jedoch auch im Altenheim wird einem Freundschaft nicht geschenkt, vielleicht dort weniger als »draußen«. Man muß selbst etwas dafür tun. Das heißt, man muß von sich aus auf die Menschen zugehen. Frau Loser hat es mir einmal sehr anschaulich beschrieben: »Wenn ich an die ersten Wochen im Heim denke ... Entsetzlich! Wenn ich da so den Gang zu meinem Zimmer entlangging, ... der nahm ja kein Ende. Alles war so eintönig. Die vielen Türen. Welche gehörte eigentlich zu meinem Zimmer? Sie werden es nicht glauben: Ich hab' mein Zimmer nicht gefunden. Ich wußte nicht mal mehr, wie lange ich schon hier war. Aber – das war ja egal. Alles war egal. Ich hab' nicht rechts, nicht links gesehen. Das ist gar nicht meine Art. Es war auch fast nie ein Mensch auf dem Gang, mit dem ich mal hätte reden können. Na ja, schließlich hab' ich mich dann doch umgesehen. Und da habe ich gemerkt, daß die Türen gar nicht gleich aussahen. An einer hing ein großes Blumenbild, an einer anderen eine Sammlung Kunstkarten. An einer nur ein Schild: ›Bitte laut klopfen!‹ Aber – geschlossen waren sie alle. Ich weiß nicht, warum mich das so merkwürdig berührt hat. Schließlich war meine Türe ja auch zu. Und wissen Sie, was ich im Lauf der Zeit gemerkt habe? Einige Türen sind immer verschlossen. Ich will damit sagen: für die Bewohner bedeuten sie nicht nur den notwendigen Schutz, sondern eine bewußte Abwehr gegen die Umwelt. Andere Türen dagegen sind immer ›weit offen‹. Da habe ich mir vorgenommen, meine Türe ›auch zu öffnen‹. Ich meine, nicht zu warten, bis jemand ›anklopft‹. Das war keine leichte Lektion für mich, das können Sie mir glauben. Aber ich hab's geschafft. Fragen Sie nicht, wie oft ich vor Alleinsein geweint und innerlich gejammert habe: ›Warum kümmert sich denn keiner um mich?‹ Aber – wie gesagt, das habe ich zum Glück überwunden.«

Frau Loser hat es wirklich geschafft. Sie ist eine wichtige Persönlichkeit im Heimleben. Nicht, weil sie irgend etwas Besonderes getan hat. Sondern, weil man spürt, daß sie offen ist. Immer und für jeden.

Ich habe festgestellt, daß es im Haus oft eine unauffällige, selbstverständliche Hilfsbereitschaft gibt. Und daß eine ganze Reihe von Menschen dadurch mitgetragen werden, die sonst in Einsamkeit und Depression versinken würden. Und noch etwas Wichtiges habe ich erlebt: daß man nicht nur lernen kann, Hilfe und Zuspruch zu geben, sondern auch anzunehmen, was für einige Menschen sehr schwer ist. Wenn man das nicht kann, vereinsamt man bald. Diese menschlichen Erfahrungen habe ich erst im Laufe der Jahre gemacht.

DER GEDECKTE TISCH UND ANDERE ANGEBOTE

Während der ersten Zeit im Altenheim standen natürlich die praktischen Dinge im Vordergrund. Meine Pflegemutter und ich hatten keine Vorstellung, was uns dort erwartet. Wir kannten niemanden in einem Altenheim. Wir waren sehr gespannt, wie die Tage aussehen würden, die auf uns zukamen. Das einzig Bekannte war der Tagesplan. Den hatten wir schriftlich bekommen.

Wir wußten, daß die Heimbewohner sich zu bestimmten Zeiten zu den Mahlzeiten im Speisesaal treffen. Wenn man bisher für sich selbst gesorgt hat, ist es ein etwas merkwürdiges, aber eigentlich angenehmes Gefühl, daß man sich nur an den gedeckten Tisch zu setzen braucht, was sonst nur im Urlaub der Fall war. Wer zwischen 8 und 9 Uhr noch nicht frühstücken möchte, kann sich seine Morgenmahlzeit in der Teeküche zubereiten oder es sich für ein Aufgeld von der Pflegeabteilung bringen lassen. Es gibt Heimbewohner, die lieber auf dem Zimmer frühstücken, weil sie auf diese Weise etwas zu tun haben. Denn alles, was man zu Hause getan hat, fällt ja weg: Haushalt, Einkaufen. Auch das Putzen wird uns abgenommen. (Einmal in der Woche kommt die Putzfrau.) Eigentlich ist man ja ins Heim gegangen, um alle diese beschwerlichen Dinge loszuwerden. Aber jetzt, wo man sich nicht mehr darum zu kümmern braucht, trauern manche Heimbewohner ihnen nach.

Leere Tage also? Nein, denn täglich, außer sonnabends, gibt es über die Woche verteilt verschiedene Angebote: Gymnastik, Handarbeit, Gedächtnisspiele, Bibelgespräche. Einmal die Woche eine Einkaufsfahrt ins sogenannte Dorf (Stadtteil der nahen Großstadt) mit dem heimeigenen Bus. Zwischen 11.45 und 13 Uhr gibt es Mittagessen (drei Menüs zur Wahl, inklusive Diät und vegetarische Kost). Ab 15.30 Uhr finden verschiedene Veranstaltungen statt; jeweils an einem Nachmittag: Film oder Diavorführungen, Volksliedersingen, Kartenspielen, Vorlesen, zusätzliche musikalische Darbietungen, Puppenspiel, Theater- und Kindergruppen, Gedichtlesungen. Außerdem ist unsere Cafeteria zwei- bis dreimal wöchentlich geöffnet. An den Sonntagen findet regelmäßig Gottesdienst statt, wechselweise als Übertragung oder »live«. Um 17.45 Uhr gibt es jeden Tag Abendbrot, dreimal die Woche warmes Essen im Speisesaal, mit zwei Essen zur Wahl. An den übrigen Tagen wird eine »Kaltverpflegung« (je 2 Sorten zur Wahl) ausgegeben. Jeden Samstag abend treffen sich einige Bewohner zu einer Stunde Bibellesung und Meditation. Über das Jahr verteilt, gibt es immer wieder etwas zu feiern: Weihnachten, Advent, Sommerfest, Zwiebelkuchenfest, großer Ausflug in die weitere Umgebung mit großem Bus, bei gutem Wetter kleine »Fahrten ins Grüne« zum Spazierengehen und Kaffeetrinken.

Alle Angebote und Veranstaltungen sind so in den Tagesrhythmus eingeplant, daß jeder genügend Zeit hat teilzunehmen und daß die Hausordnung nicht gestört wird, denn ohne Hausordnung kommt man ja in einem großen Betrieb nicht aus. Und gerade daran stören sich viele Heimbewohner. Das ist eigentlich nicht einzusehen, fast jeder ist doch seit der Kindheit daran gewöhnt, nach einem Plan zu leben, der weitgehend von anderen Menschen abhängig ist. Das hat man immer ganz selbstverständlich gefunden. Nur im Altenheim kommt vielen Menschen ein Plan wie Freiheitsberaubung vor. Ich treffe immer wieder Menschen, die auf keinen Fall »ihre persönliche Freiheit aufgeben« wollen. Aber davor braucht man nun wirklich keine Angst zu haben. Man kann kommen und gehen, wann und wohin man will. Und daß man sich zu den Mahlzeiten abmelden soll, wenn man nicht teilnehmen möchte, ist ja keine »Bevormundung«. Und doch kann man auch die Ablehnung vieler Heimbewohner gegen diese Notwendigkeit verstehen. Sie sehen darin wieder einen weiteren Schritt in die Abhängigkeit. Diese weitverbreitete Vorstellung, im Altenheim nicht mehr sein eigener Herr, seine eigene Frau zu sein, hält viele Menschen davon ab, ins Heim zu gehen. Sie warten lieber oft unter fast untragbaren Verhältnissen, bis es so spät ist, daß die Übersiedlung ein Schock für sie ist, denn die sehr reduzierte körperliche und geistige Verfassung macht dann das Annehmen einer neuen Situation unmöglich.

Ich glaube, diese Menschen klammern sich so verzweifelt an ihre Freiheit, weil in ihnen immer noch unbewußt die Vorstellung vom »Altenspittel« aus der nicht immer so »guten alten Zeit« spukt. Eine Bewohnerin sagte mir, daß sie sich von Anfang an hier wie in einem Gefängnis gefühlt habe, wo man parieren müsse. Die Realität jeden Tag sah aber ganz anders aus. Wie viele andere Bewohnerinnen kann oder will sie den Unterschied nicht sehen zwischen »Eingesperrtsein« oder »Freiheitsberaubung« und dem Einhalten notwendiger Regeln, zum Beispiel daß jedem Bewohner die Waschküche zu bestimmten Zeiten zur Verfügung steht (für die Leibwäsche; Bettwäsche wird vom Haus aus erledigt) usw.

Abgesehen von der praktischen Notwendigkeit einer festen Hausordnung, bedeutet sie für viele Bewohner eine Art »geistiges Stützkorsett«, das ihnen hilft, Wochentage auseinanderzuhalten. Anderen muß man von Tag zu Tag immer wieder dabei helfen, sich in der Zeit und im Haus zurechtzufinden. Langjährige Bewohner, für die der Alltag längst zur Routine geworden ist, haben vergessen, daß sie anfangs auch manches durcheinander gebracht haben, daß sie die Nebenräume auf dem Stockwerk nicht fanden und daß vielleicht auch sie verloren im Hause umherirrten auf der Suche nach ihrem Zimmer. Sie stehen so viel »Dummheit« oder »Unbeholfenheit« verständnislos gegenüber oder mit der stillen Genugtuung, daß sie selbst doch noch nicht »so alt« sind.

Manche Heimbewohner nehmen ihre Fehlleistungen gelassen, resigniert-lächelnd zur Kenntnis. Andere sind zutiefst unglücklich und beschämt, daß sie so auf die Hilfe anderer angewiesen sind bei so »lächerlich einfachen Dingen«, die sie früher doch selbstverständlich beherrscht hatten. Sie verkriechen sich in ihrem Zimmer und möchten am liebsten sterben, weil sie »ja doch zu nichts mehr nütze sind«. Empfindungen, die das Einleben nur noch erschweren. Sie brüten über ihr körperliches Unvermögen, schlechte Ohren, angegriffene Augen, nachlassendes Gedächtnis. Und sie sind überzeugt, daß sie sich diese Mängel alle erst im Heim zugezogen haben. »Vom ersten Tag an ging es mir schlecht«, klagte Frau Trontmann, »früher war ich immer gesund.« Daß sie früher nicht 90 Jahre alt war, ließ sie nicht gelten.

Oft liegt den Fehlleistungen neben den altersbedingten Ausfallerscheinungen unbewußt der Protest gegen das Heim zugrunde. Sie sagen dann: »Ich wollte ja gar nicht ins Heim. Aber meine Familie hat mir so zugesetzt, da habe ich schließlich nachgegeben. Ich hätte es gut noch allein daheim geschafft.«

Frau Kieler hatte sich nach sieben Jahren noch nicht mit der Übersiedlung ins Heim abgefunden. Konkrete Klagen hatte sie eigentlich nicht. Nur die »allgemeinen Zustände im Haus« fand sie einfach unerträglich. Sie war den ganzen Tag mit der Sorge um ihre Gesundheit beschäftigt, weil »die da (die

Mitarbeiter in Pflege und Küche) sich nicht darum kümmerten«. Niemand habe Verständnis für ihren Zustand, klagte sie immer. Jetzt ist sie ein bedauernswerter Pflegefall, bedauernswert nicht nur wegen ihrer inzwischen wirklich schlechten körperlichen Verfassung: Sie ist halb blind, extrem schwerhörig und hat einige innere Leiden. Bedauernswert auch deswegen, weil sie von Anfang an jeden Tag ihres Heimaufenthaltes voller Verbitterung hinter sich brachte, ohne auch nur die kleinste Freude in sich hineinzulassen.

Es liegt weitgehend an einem selbst, wie man mit der neuen Situation fertig wird. Darum sollte man nicht bis zum letzten Augenblick warten, bis man ins Heim geht. Je älter man ist, um so schwerer wird ja das Einleben. Mir fällt hier eine mir befreundete Ärztin ein. Sie rief mich eines Tages an: »Ich bin jetzt 83, ich denke, es wird Zeit, daß ich ins Heim gehe. Ich hätte es ja eigentlich noch nicht nötig. Aber so kann ich mich in meinem neuen Leben noch gut einrichten. Und – ich kann anderen Menschen noch helfen. Irgendeine lohnende Aufgabe wird sich schon finden für mich.«

Kein Problem für eine Ärztin. Sie wurde im Heim bald zur Anlaufstelle für alle, die sich »nur mal aussprechen wollten« über ihre verschiedenen Leiden und sonstigen Kümmernisse. Endlich war jemand da, der zuhörte. Denn Schwestern und

Ärzte haben ja leider nicht die Zeit, sich dieselben Klagen immer wieder anzuhören. Margarete ist im Heim also nicht als Ärztin gefragt, sondern als Mensch, der zuhören kann. Eine Fähigkeit, die immer seltener wird, scheint mir, und die gerade im Altenheim so ungeheuer wichtig ist. Margarete hat ihren Entschluß nie bereut, »zu früh« ins Heim gegangen zu sein, wie ihre Freunde meinten. Sie kann im kleinen Bereich Ähnliches tun, was sie jahrelang in größerem Umfang getan hat: anderen Menschen raten und helfen.

UNSERE NACHBARSCHAFTSHILFE – VON ZUHÖREN BIS KNÖPFE ANNÄHEN

Ich frage mich immer wieder: Was kann ich denn trotz meiner eingeschränkten Möglichkeiten noch tun? Wohl eine ganze Reihe anderer Heimbewohner könnte für sich feststellen, daß es auch für sie noch ein Betätigungsfeld gibt. Das kann mit ganz kleinen Dingen anfangen:

Frau Wild saß eines Mittags im Gartenhäuschen und nähte Knöpfe an, und zwar an ein Herrenhemd! Ich sah es mit Erstaunen. Ihr Mann war doch gestorben. Angehörige hatte sie am Ort nicht. Sie lachte: »Sie wundern sich über das

Hemd? Das gehört Herrn Fritsch. Der lief doch immer mit 'ner dicken Strickjacke rum. Bei der Hitze! Da habe ich ihn gestern gefragt, ob ihm nicht zu heiß ist. Und wissen Sie, was dann rauskam? Der hat kein Hemd mehr mit Knöpfen. Der hat ja niemanden. Na ja, nun nähe ich sie eben an. So ist jedem gedient. Er kann ohne Strickjacke gehen, und ich habe endlich was zu tun. Zum Knöpfeannähen langt's gerade noch bei mir.«

Das sprach sich herum. Und von da an sah man Frau Wild in einem anderen Licht. Man hatte sie immer für hochmütig und abweisend gehalten. Dabei war sie nur etwas gehemmt und hatte von sich aus den Weg zu den anderen nicht gefunden. Sie hatte immer gehofft, daß jemand den Anfang machen würde. Dabei wird man meistens enttäuscht. Fast allen geht es so wie Frau Wild. Es scheint mir manchmal, als sei bei einigen Menschen durch den Einzug ins Heim die eigene Initiative weitgehend erloschen. Bei den einen hält dieser Zustand an, manche überwinden ihn aus eigener, wieder erwachter Kraft oder mit Hilfe anderer Bewohner.

Als ich seinerzeit Frau Wild beim Knöpfeannähen traf, dachte ich, es sei dies etwas ganz Besonderes. Denn ich hatte den Eindruck, daß jeder mehr oder weniger für sich lebe, eingesponnen in seine persönlichen Sorgen, Leiden und Schmerzen. Später aber merkte ich, daß es sehr viel Hilfsbereitschaft im Haus gibt, unauffällig und selbstverständlich und oft gerade von Menschen, die wegen ihrer eigenen körperlichen Verfassung eigentlich selbst Hilfe empfangen sollten und allen Grund hätten, zu resignieren. Aber es sind ihnen aus ihrem Leiden neue Kräfte zugewachsen, so daß sie sogar noch in der Lage sind, andere Menschen daran teilhaben zu lassen.

Frau Klaiber hatte ein schweres Bandscheibenleiden und konnte sich ohne Rollstuhl nicht fortbewegen. Sie saß aber nicht etwa in ihrem Zimmer. Nein, sie kurvte in ihrem »Mercedes 300«, wie sie sagte, durch die Gänge des Heimes zu ihrer »Kundschaft«. Sie hatte sich zum »Fahrburschen« des Hauses ernannt und fuhr alle paar Tage in den benachbarten Tante-Emma-Laden, um einzukaufen. Es mußte schon sehr schlechtes Wetter sein, wenn sie mal nicht fuhr. Sie hat diese Einkaufsfahrten bis kurz vor ihrem Ende durchgehalten.

Oder Frau Stahl, der »gute Engel« des Hauses. Sie leidet an schwerer Osteoporose und kann vor Schmerzen oft kaum gehen. Als sie vor etwa fünf Jahren einzog, kannte sie keinen Menschen im Heim. Aber es dauerte nicht lange, bis sie einen Kreis von Menschen hatte, die sie regelmäßig betreute. Jeder wendet sich an sie, wenn er Kummer hat oder Beschwerden. Sie ist immer da. Sie hört zu. Sie versteht.

Menschen wie Frau Stahl sind unersetzlich im Heim, denn es gibt sehr viele Einsame, die in ihren Zimmern sitzen und grübeln. Aus der Einsamkeit entstehen Unsicherheit, Ängste, Verzweiflung. Da ist es dann sehr hilfreich, wenn Heimbewohner da sind, denen man sich anvertrauen kann, die diskret sind und die auch ohne viele Worte verstehen, denn manche Menschen können ja nicht mehr richtig formulieren, was sie bedrückt. Eine Psychologin schrieb mir einmal: »Jeder Mensch braucht einen Ort, wo er hingehen kann, wenn er einsam ist, wo er weinen kann, ohne fürchten zu müssen, das Gesicht zu verlieren.«

Manche Heimbewohner suchen immer bei demselben Menschen Hilfe, andere sind froh, überhaupt irgendeinen Zuhörer zu finden. Viele suchen keinen Rat, keine praktische Hilfe. Sie wollen nur ihren Kummer loswerden, was manchmal große Anforderungen an die Geduld des Zuhörenden stellt, denn meistens hat man die gleichen Klagen schon oft gehört. Ein Außenstehender würde sie vielleicht als Belanglosigkeiten abtun, aber für Menschen, deren Lebenskreis sehr eingeengt ist, wird jede Begebenheit wichtig. Enttäuschung über das Essen oder eine schlechte Nacht können oft den ganzen Tag überschatten. Manchmal möchte man dann sagen. »Ja, ja natürlich, das ist alles sehr ärgerlich. Aber sehen Sie sich doch mal um, wie vielen Menschen es genau so schlecht geht wie Ihnen, sogar schlechter.« Aber – so sollte man nicht reagieren, denn das eigene Elend wird meistens eben doch als das schwerere betrachtet, weil es am eigenen Leib erfahren wird.

Auf meinem Stockwerk lebt Frau Schwerin, früher war sie Lehrerin. Sie ist ein sehr lebhafter Mensch mit vielseitigen Interessen. Trotzdem kann man kaum ein Gespräch mit ihr führen, sie kommt immer wieder auf ihre Beschwernisse zurück. Sie sagt zwar: »Eigentlich wollte ich gar nicht darüber reden. Es hat ja gar keinen Zweck. Und ich weiß ja, daß es anderen viel schlechter geht. Aber . . .« Und dann sind wir wieder bei ihrem Lieblingsthema. Zum Schluß bedankt sie sich für das interessante Gespräch, das im Grunde ganz einseitig war. Aber es hat ihr gutgetan. Und, es hat sie gefreut, daß jemand da war.

Frau Schwerin ist beinahe unersättlich in ihrem Hunger nach Zuhörern. Denn: »Zuhören kann ich ja nicht mehr. Aber reden, erzählen. Ich denke oft, es müßten viele verschiedene Menschen zu mir kommen. Am besten von ›draußen‹. Hier im Hause will mir ja niemand mehr zuhören.« Das stimmt, viele machen einen Bogen um sie, denn sie ist manchmal wirklich recht lästig. Besonders, wenn man Sorgen hat oder sich nicht wohl fühlt und froh ist, wenn man den Tag endlich mit Anstand herumgebracht hat. Man denkt dann nicht sehr freundlich über sie und fragt sich: »Wie hat ihre Familie es bloß mit ihr ausgehalten?!« Hierzu fällt mir das Gebet eines alten Indianers ein: »Großer Geist, bewahre mich davor, einen Menschen zu beurteilen, ehe ich in seinen Mokassins gegangen bin.« Ich weiß nicht, wie ich mich verhalten würde, wenn ich den ganzen Tag nichts zu tun hätte, wenn ich keine Freunde am Ort hätte, mit denen ich mich treffen oder wenigstens telefonieren könnte. Wahrscheinlich würde ich meiner Umwelt genauso auf die Nerven gehen wie Frau Schwerin. Wenn mir das einfällt, besuche ich sie eben doch wieder, auch wenn mir gar nicht danach zumute ist. Zumindest nehme ich es mir vor – für morgen –, auf jeden Fall aber in den allernächsten Tagen. Und ich bin im Grunde froh, wenn ich sehe, daß andere mir zuvorkommen mit einem Besuch.

Ich habe mich oft gefragt, woher Menschen trotz eigener Schmerzen und Leiden die Kraft nehmen, anderen zu helfen. Einmal sicherlich aus dem Gebet. Zum anderen aber glaube ich, daß sich die eigenen seelischen Kräfte durch die bewußte Zuwendung zum Mitmenschen immer wieder erneuern. Es findet also ein ständiges Geben und

Nehmen statt, wobei jeder zugleich Gebender und Nehmender ist. Bei beiden werden Kräfte freigesetzt, die bisher vielleicht brachgelegen haben. Sie müssen neu entdeckt oder wieder gelernt werden. Wie schwer fällt manchen Menschen zum Beispiel das Annehmen, ganz gleich, worum es sich handelt. Und es gehört viel Takt und Einfühlungsvermögen dazu, einem solchen Menschen zu helfen, ohne ihn zu verletzen. Erst wenn eine feste Vertrauensbasis geschaffen ist, gelingt es.

Helfen ist oft recht schwierig. Woher weiß man, ob jemand wirklich Hilfe braucht? Weil er einen hilfsbedürftigen Eindruck macht? Vielleicht kommt es uns nur so vor, am eigenen Maßstab gemessen. Woher weiß man, wer im Grunde auf Hilfe wartet, obwohl er sie allem Anschein nach energisch ablehnt? Und woher weiß man, wie man helfen kann? Weil man in einer ähnlichen Situation Erfolg gehabt hat? Weil man von sich auf den anderen oder die andere geschlossen hat? Meistens gehen diese Rechnungen nicht auf, denn kein Mensch ist wie der andere. Was sagt man etwa einem Menschen, der sich selbst aufgibt? Man erlebt ja immer wieder, daß jemand sagt: »Ich will nicht mehr. Ich kann nicht mehr. Es hat alles keinen Zweck. Wozu soll ich noch leben?« Was soll man tun, wenn der Leidende jegliche Hilfe, auch entsprechende Medikamente ablehnt? Soll man tatenlos zusehen? Ich glaube, das ist ein Fall unter vielen, wo man sich fragen sollte: »Will ich dem anderen wirklich helfen? Oder will ich im Grunde mir selber einen Gefallen tun mit meinen Bemühungen, weil es mir wohltut, der Gebende zu sein? Ich glaube, wenn ein Mensch sehr energisch jede Hilfe ablehnt, auch die eines Geistlichen, sollte man dies respektieren. Aber man sollte ihm zu verstehen geben, daß man jederzeit für ihn da ist.

Bei aller Hilfsbereitschaft muß man aber auch lernen, nein zu sagen. Man muß einen Freiraum für sich behalten und darf die physischen und psychischen Kräfte nicht überstrapazieren. Opfern sollte man sich nicht. Denn einmal kommt unweigerlich der Augenblick, an dem man wirklich nicht mehr kann. Dann entstehen Aggressionen, einmal gegen sich selbst, weil man so »unfähig« ist, zum anderen gegen den Hilfesuchenden, durch den man diesen Mißerfolg erfährt.

Man sollte es nicht machen wie Frau Ellinger. Sie hatte lange Zeit jeden Tag fast den ganzen Nachmittag für eine depressive Heimbewohnerin reserviert. Jeden Tag hörte sie sich die gleichen Klagen an. Die Kranke fühlte sich danach für kurze Zeit erleichtert. Frau Ellinger aber war jedesmal völlig fertig. Sie ist ein sehr sensibler Mensch und identifizierte sich vollständig mit der anderen Bewohnerin. Ich konnte es schließlich nicht mehr mit ansehen: »Muß denn diese Quälerei wirklich jeden Tag sein? Sie wissen doch, daß Sie im Grunde nichts ausrichten können. Der Arzt hat es Ihnen doch erklärt.« »Ja, ja«, meinte sie, »ich weiß. Aber man muß doch helfen. Man muß es doch immer wieder versuchen!« Und nach einer Pause, so leise, daß ich es fast nicht verstehen konnte: »Ach, wenn sie doch nicht immer käme. Aber ich kann sie doch nicht wegschicken.« Eine unselige Verkettung, die sich erst löste, als Frau Ellinger ein paar Wochen zur Kur fort war und die Kranke zum Erstaunen aller merkte, daß sie auch ohne Frau Ellinger auskam. Als Frau Ellinger wieder zurück war, wurden die Besuche der depressiven Dame auf ein normales Maß beschränkt, allerdings mit der energischen Unterstützung einiger Flurnachbarinnen.

Ich habe hier im Haus Menschen getroffen, die sich verzweifelt nach Hilfe, nach Zuwendung sehnten, und um die sich eigentlich niemand richtig kümmerte. Das muß doch seinen Grund haben, dachte ich. Und es scheint mir, daß diese Menschen nicht ganz unschuldig sind an ihrer Situation – unbewußt natürlich. Viele von ihnen sagen: »Niemand mag mich. Alle haben was gegen mich.« So äußerte Herr Fink: »Lassen Sie mich nur mit dem Kober in Ruhe. Das ist ein ganz miserabler Mensch! Was sagen Sie? Ich war mit dem befreundet? Ein paarmal zusammen Kaffeetrinken und Spazierengehen ist noch keine Freundschaft... Gut, man hat sich ganz nett unterhalten. Aber jetzt ist es aus. Ich hab' ihn durchschaut. Dem trau' ich nicht mehr von hier bis da. Genau wie den anderen ›Freunden‹. Die haben doch was gegen mich. Jeder hat was gegen mich. Keine Ahnung, warum. Ich tu' doch keinem was. Nein, nein, das bilde ich mir nicht ein. So was spürt man...«

Frau Moll: »Bleiben Sie doch noch. Bleiben Sie doch noch. Sie rennen immer gleich weg. 'Ne Stunde waren Sie bei mir? Tatsächlich? Sagen Sie doch selbst, was ist eine Stunde in einem ganzen Tag?... Jetzt sitz' ich hier, wo sich kein Mensch um mich kümmert. Wo ich das Alleinsein nicht gewöhnt bin. Das wissen alle. Ich halt's einfach nicht aus. Ich brauch' Menschen um mich. Sie müssen wiederkommen. Morgen. Jeden Tag. Versprechen Sie mir das? Ich habe Angst...«

Ich glaube, Angst haben sie alle, die sich einsam und verlassen fühlen, auch dann, wenn sie mit anderen Menschen zusammen sind. Ob sie es aussprechen oder nicht: diese Urangst ist da, dieses Gefühl der Verlassenheit und des Ausgeliefertseins an Unbekanntes, Unbegreifbares. Wenn es gelänge, ihnen dieses Gefühl zu nehmen, könnten sie wohl das Alleinsein besser ertragen. Aber dafür gibt es kein Rezept, außer: einfach *da zu sein* – was nicht immer leicht ist. Manchmal muß man sich richtig dazu zwingen. Man hat so leicht das Gefühl, daß man etwas *tun* muß. Etwas ... was eigentlich? Man weiß es nicht genau.

Ich erinnere mich an einen Spätnachmittag im Winter. Die Flurbeleuchtung war schon eingeschaltet. Da entdecke ich Frau Wörner, ganz verloren auf dem Vorplatz am Aufzug stehen. Sie ging ein paar Schritte hin und her. Dann blieb sie wieder stehen. »Na, Frau Wörner?« rief ich ihr zu. »Warten Sie auf jemanden? Oder brauchen Sie was?« Sie sagte nichts. Sie sah mich nur an. Ich war mir nicht klar, ob sie mich überhaupt wahrnahm. Ich ging zu ihr und fragte: »Frau Wörner, fehlt Ihnen was? Was ist denn los mit Ihnen?« Sie schüttelte den Kopf. »Ich weiß nicht. Ich bin so traurig und ... ich hab' so Angst.« Und sie weinte. Lautlos, beinahe, als sei es ihr peinlich. Was sollte ich tun? Ich weiß nie, was ich in solchen Situationen sagen könnte. Also nahm ich sie einfach in den Arm. Sie legte den Kopf an meine Schulter und weinte noch ein bißchen. Dann richtete sie sich auf und meinte: »Danke, jetzt kann ich wieder« und ging in ihr Zimmer zurück.

So eine Begebenheit gehört zu den seltenen Augenblicken, in denen man einem anderen Menschen so nahe ist, daß man sich ohne Worte versteht, daß das *Da-Sein* Hilfe bedeutet. So etwas vergißt man nicht.

SPÄTE FREUNDSCHAFTEN

Viele Heimbewohner halten es oft nicht aus in ihren Zimmern. Sie sitzen und horchen auf jedes Geräusch vom Flur, das sie ablenken könnte. Schließlich gibt es doch immer mal etwas zu erleben, zum Beispiel, wenn ein neuer Bewohner einzieht. Das ist für die »Alteingesessenen« fast genau so aufregend wie für den neuen Bewohner. Sie stehen auf dem Gang herum und begutachten die Möbel. Schließlich kann man daraus ja auf den Besitzer schließen, sagt man. Manchmal stimmt es sogar. Ich wundere mich immer, woher viele Bewohner schon vorher alles »ganz genau von dem Neuen wissen«, obwohl sie ihn nie gesehen haben. Etwas davon bleibt immer haften, auch wenn sich bald herausstellt, daß es nicht stimmt.

Die neuen Heimbewohner werden bei ihrer ersten Mahlzeit vom Heimleiter an ihren Platz geführt, vorgestellt und von einem Heimbeiratsmitglied im Namen der Bewohner begrüßt. Wehe, wenn dabei mal etwas nicht klappt! Ich habe es erlebt, daß Neuankömmlinge am liebsten wieder ausgezogen wären, so enttäuscht waren sie über die »unpersönliche« Behandlung.

Ausziehen wollte Frau Mottmann zwar nicht, aber daß so gar niemand von ihr Notiz nahm, kam ihr doch etwas eigenartig vor. Irgend etwas war schief gelaufen. Als ich zum Frühstück in den Speisesaal kam, entdeckte ich zufällig am anderen Ende eine mir unbekannte Dame. Wo kam die denn her? fragte ich mich. Normalerweise zieht man doch im Laufe des Vormittags ein, und die erste Mahlzeit ist dann das Mittagessen. Ein Hausgast von irgend jemandem konnte sie nicht sein, dazu saß sie zu fremd zwischen den beiden anderen Damen am Tisch. Im allgemeinen weiß die hauptverantwortliche Mitarbeiterin für den Speisesaal eigentlich immer Bescheid. Aber diesmal hatte der »Nachrichtendienst« wohl nur ungenügend funktioniert.

»Das ist sicher die neue Dame aus dem dritten Stock. Keine Ahnung, wie sie heißt. Übrigens – Sie müssen sie vorstellen. Der Chef ist nicht da«, hörte ich jemand zu mir sagen. So was habe ich gerne! Wie peinlich, jemanden vorzustellen, dessen Namen man nicht kennt. Sie wird einen feinen Eindruck von unserem Haus bekommen, dachte ich. Hoffentlich ist sie nicht gekränkt.

Zum Glück hatte sie genügend Humor und betrachtete die Situation mit freundlich-amüsiertem Lächeln, weshalb sie mir gleich sehr gut gefiel. Am Nachmittag trafen wir uns zufällig im Garten und kamen ins Gespräch. Da gefiel sie mir noch besser. Wir sprachen die gleiche Sprache und lachten über die gleichen Dinge, was so wichtig ist und was man leider nur selten findet. Als ich sie am nächsten Morgen im Speisesaal sah, winkte ich ihr zu. Sie winkte zurück. Als wir schon längst gute Freundinnen waren, sagte sie einmal: »Sie können sich gar nicht vorstellen, wieviel Sie mir geholfen haben, als Sie mir am ersten Morgen zugewinkt haben. Ich bin mir nicht ganz so verlassen vorgekommen. Es ist schon ein scheußliches Gefühl, wenn man da so plötzlich zwischen lauter fremden Menschen sitzt.«

Ich hatte ganz vergessen, wie mir selbst am ersten Tag zumute gewesen war. Man sollte sich öfter an diese ersten Stunden erinnern, dann könnte man neuen Bewohnern ihren Einzug sicherlich etwas erleichtern. Auch ohne daß man winkt.

Viele Heimbewohner nehmen kaum Notiz von neuen Hausgenossen. Manche bemerken deren Anwesenheit erst nach Tagen. Das hört sich lieblos an, aber man darf nicht vergessen, daß die Hörfähigkeit erheblich gemindert ist und die Auffassungsgabe verlangsamt. Zudem hat das Interesse an der Umwelt bis auf wenige Ausnahmen doch sehr nachgelassen. Ich glaube andererseits sogar, daß es manchem Neuankömmling ganz recht ist, wenn er sich möglichst unbeachtet auf seinen Platz setzen kann. Von daher wird man begreifen, warum es den »Neuen« und den »Alten« manchmal so schwer fällt, aufeinander zuzugehen. Und nun sage ich allen Menschen, die sich entschlossen haben, in ein Heim zu gehen: Sie sollen die alten Bindungen zu Familie und Freunden nicht aufgeben, aber daran denken, daß sie sich ihren Platz in ihrem neuen Umfeld bewußt aussuchen. Schon aus praktischen Gründen: Es gibt im Heim allerlei Probleme und Freuden, die die Menschen »draußen« nicht ganz nachfühlen können und die man gerne mit jemandem besprechen möchte, der sozusagen im gleichen Boot sitzt wie man selbst. Es kann ja nicht sein, daß man unter den vielen Menschen nicht einige findet, mit denen man die gleiche Sprache spricht.

Für Frau Reichert war das von Anfang an klar. Sie war in unser Haus gezogen, weil ihr verheirateter Sohn gleich um die Ecke wohnte. So konnte irgend jemand von der Familie sie jeden Tag besuchen. Aber – so war es von Anfang ausgemacht – nur zu Zeiten, wenn vom Heim aus keine gemeinsame Veranstaltung stattfand. »Ich möchte möglichst alles mitmachen«, sagte sie. »Ich möchte die Menschen ja auch kennenlernen, mit denen ich jetzt zusammenlebe. Ich freue mich, wenn meine Kinder und Enkel kommen. Aber ich will nicht abhängig von ihnen sein. Mein Leben ist jetzt *hier*.« Eigentlich lebte sie sehr zurückgezogen bei uns. Aber bei einem Schwatz auf dem Flur oder einem gelegentlichen Besuch spürte man, daß das Heim für sie mehr war als nur ein Ort, an dem sie gut versorgt war. Es war ein Ort, an dessen Leben sie mit lächelndem Verständnis teilnahm. Wie sehr die Bewohner sie schätzten, merkte man, als sie einmal schwer krank war. Es war immer jemand da, der sich um sie kümmerte, der auch einmal still bei ihr saß, wenn von der Familie niemand Zeit hatte.

Menschen, die ihr echtes Interesse an ihrer Umwelt bekunden, haben es im allgemeinen natürlich leichter, sich im »neuen Leben« zurechtzufinden, als jemand, der passiv alles auf sich zukommen läßt.

Es hört sich einfach und einleuchtend an, daß man auf die Menschen zugehen soll, daß man zusehen soll, seine Kenntnisse, Erfahrungen und Fähigkeiten in den Heimalltag einzubringen. Und viele sehen das auch ein, aber vom Einsehen zum Tun ist oft ein weiter Weg. Man hindert sich selbst daran, ihn zu gehen. Man traut sich nicht, man will erst mal abwarten ... Aber es ist sehr schwer, ihnen begreiflich zu machen, daß sie sich selbst keinen Gefallen tun, wenn sie sich von den Bewohnern so abkapseln, wie zum Beispiel Frau Altmann.

Sie meinte, sie sei sich selbst genug, ja, andere Menschen störten sie geradezu. Aber dann ließen innerhalb weniger Wochen ihre Augen und Ohren rapide nach. Jetzt ist sie ganz verzweifelt, daß sich kaum jemand um sie kümmert. Aber sie hat von sich aus den Anschluß verpaßt, denn die meisten Heimbewohner sagen: »Frau Altmann interessiert mich nicht. Früher war ich ihr ja nicht gut genug. Jetzt mag ich nicht.« Eine schreckliche, aber verständliche Reaktion auf Frau Altmanns Verhalten, denn ohne menschliche Bindungen kann auch im Heim auf die Dauer niemand auskommen. Die Zuwendung eines Menschen ist eine wunderbare Hilfe, um schwere Zeiten zu ertragen.

Frau Zilken hätte ihre lange, schwere Krankheit ohne den Beistand von Frau Ulmer und Frau Gerlach nicht mit so viel Gelassenheit und Würde durchlebt. Sie wußte, es ist immer jemand da für mich, wenn die große Angst mich überfällt, jemand, bei dem ich mich nicht zusammennehmen muß, bei dem ich weinen darf, »ohne das Gesicht zu verlieren«. Diese Freundschaft war kein Zufall, weil die Damen etwa auf dem gleichen Stockwerk wohnten. Man kann eher sagen, daß sie ihnen »zugefallen« ist: Frau Zilken lebte schon eine Weile im Heim, als eine Bekannte sie bat, sich um eine neue Heimbewohnerin, Frau Ulmer, zu kümmern. Sie sei fast blind und sehr gehbehindert. »Das hat man davon, wenn man aus einem sozialen Beruf kommt«, meinte Frau Zilken lachend. »Na, dann werde ich mal raufgehen zu ihr. Sie soll ja ein ganz besonderer Mensch sein. Mal sehen, ob's stimmt.« Es stimmte, bei Frau Zilken übrigens auch. Obwohl die beiden Damen grundverschieden waren, harmonierten sie in seltener Weise miteinander. Jeder im Haus, Bewohner, Leitung und Mitarbeiterinnen freuten sich daran. Kurz vor ihrem Tode sagte Frau Zilken in einem ihrer lichten Augenblicke: »Es ist das schönste Geschenk für mich, daß ich im Alter noch eine wunderbare Freundschaft finden durfte.«

Frau Gerlach kam erst später dazu. Sie wohnte auf der gleichen Etage wie Frau Zilken, hatte aber anfangs keine Verbindung zu ihr. Erst als Frau Zilken krank wurde und bald kaum mehr aufstehen konnte, schaute sie regelmäßig mehrmals am Tage nach ihr und half ihr, wenn sie allein nicht mehr zurechtkam. Es war ganz selbstverständlich für sie. »Ich wohne ja gegenüber. Ich kann doch mehr Praktisches tun als Frau Ulmer mit ihrer Behinderung.«

Ich glaube, solche Erlebnisse kann man im Altenheim ganz besonders intensiv erfahren. Denn hier geht man ja den letzten, oft schweren Weg, den Weg zum Tode. Je älter man wird, um so weniger Menschen hat man »draußen«, die einen begleiten können. Da ist es gut und tröstlich zu wissen, daß es im Heim Freunde gibt. Freundschaft, Hilfsbereitschaft, spontane Zuwendung zu einem Menschen im richtigen Augenblick gehören zu den hellen Farben im Heimalltag. Sie sind ein Ausgleich für die dunklen Farben, die Reibungsflächen, die es natürlich immer gibt. Sie können nicht ausbleiben, wo Menschen auf relativ engem Raum zusammenleben.

Jeder kommt mit seinen persönlichen Gewohnheiten, Erwartungen, Ansprüchen ins Heim, Leiden und Ängste nicht zu vergessen. Ein erträgliches Zusammenleben ist ohne Konzessionen auf allen Seiten nicht möglich. Nur man erwartet eher, daß der andere dazu bereit ist und nicht man selbst. Und so entsteht oft aus einem »bißchen Sand im Getriebe« ein mittlerer Wüstensturm. Schwierig wird es, wenn jemand jede Störung des gewohnten Alltags als persönliche Schikane auffaßt, ohne zu bedenken, daß anderen ja Gleiches widerfährt oder widerfahren ist. Aber wie macht man das einem Menschen klar, der von früher Kindheit an durch eine Körperbehinderung vom Leben benachteiligt wurde? Eine unserer Bewohnerinnen ist durch einen schweren Unfall in der Kindheit verwachsen. Sie ist überempfindlich und mißtrauisch. Die Saaltochter braucht beim Tischdecken nur ihre Butter vergessen zu haben, und die Bewohnerin ist überzeugt, daß man ihr persönlich hat »was antun wollen«. Durch diese Einstellung verbittert sie sich ihr ohnehin schweres Leben noch zusätzlich. Man kann ihr nicht helfen, weil sie sich nicht helfen lassen will. Es ist einer von den Fällen, in denen auch der geschickteste, hilfsbereiteste Mensch ratlos dasteht und seine Grenzen erkennt.

WENN SICH MISSTRAUEN AUSBREITET

Es gibt Zeiten, in denen allgemeines Mißtrauen im Haus umgeht. Nur wenige können sich dieser Empfindung entziehen und die Dinge realistisch betrachten. Irgend jemand vermißt etwas und findet es nicht. Ganz selten sagt er: »Ich habe das und das verlegt oder verloren.« Fast immer heißt es: »Das ist mir gestohlen worden.« Der Verdacht richtet sich nicht gegen jemand Bestimmtes, aber er ist kaum zu überwinden. Er schleicht durch alle Stockwerke, wird zur Gewißheit. Allgemeine Unsicherheit, Ängstlichkeit und Mißtrauen sind die Folgen, denn viele Menschen im Haus sehen und hören nicht mehr gut und erleben – zwar nur in der Vorstellung, darum aber nicht minder intensiv, wie ihnen von anderen allerhand Mißgeschick zugefügt wird. Dazu kommt, daß sie eigene Fehlleistungen nicht erkennen können und anderen die Schuld geben. Etwa, wenn sie etwas verlegt haben (das meistens wieder auftaucht) oder wenn etwas entzweigegangen ist. Meistens erfährt man so etwas auf dem Flur.

Eine aufgeregte Gruppe von Heimbewohnerinnen steht beieinander. Frau Albers redet lautstark und aufgeregt auf die anderen ein. Ein wertvolles Bild lag kaputt auf ihrem Tisch. Das Glas hatte einen Sprung, vom Rahmen war ein Stück abgesprungen. »Da sind doch *die* wieder in meinem Zimmer gewesen. Wahrscheinlich, während ich beim Essen war. Ich weiß nicht, warum *die* immer ausgerechnet zu mir kommen. Neulich haben *sie* mir erst eine Brosche gestohlen.«

Die Brosche fand sich allerdings später genau da, wo die Besitzerin sie aufzubewahren pflegte. Ein Beweis, daß sie sie übersehen hatte? Keineswegs. Ein Beweis vielmehr dafür, daß *die* die Brosche zurückgelegt hatten. Heimlich. »Wie sind *die* eigentlich zu Ihnen reingekommen?« fragte ich interessiert. »Na, *die* haben doch natürlich einen Nachschlüssel«. »Also eine von den Schwestern, der Zivi oder der Hausmeister?« Zögernd: »Nein!« »Ja, aber sonst hat doch niemand einen Nachschlüssel.« Allgemeines Schweigen in der Runde. Frau Albers sieht mich vorwurfsvoll an. »Sie haben ja keine Ahnung. Warten Sie nur, bis *die* sich mal bei Ihnen einschleichen. Sie wohnen ja schließlich direkt neben mir.« Worauf sie in ihrem Zimmer verschwand und die Türe energisch abschloß.

Wir stehen noch eine Weile so da, die einen ratlos, die anderen überzeugt, daß *die* bei Frau Albers wieder einmal eingedrungen waren. Denn *die* treiben sich ja immer mal im Haus herum. Gesehen hat sie zwar noch niemand, aber es muß sie ja geben. Man hört ja schließlich so oft von ihnen. Ich hätte ja sagen können: »Frau Albers ist verwirrt. Ich kenne sie seit Jahren. Alle paar Wochen brechen *die* bei ihr ein, und genau so regelmäßig kommen die Sachen wieder. Nur, das erzählt sie dann nicht. Man erfährt es irgendwie, es hat gar keinen Zweck, etwas zu sagen. Alle sind überzeugt, daß Frau Albers recht hat. Denn: »Sie hat es doch erzählt. Es muß stimmen. Sie war doch Studienrätin.« Für viele Menschen ist »verwirrt« gleichbedeutend mit »dumm«. Eine Studienrätin aber ist nicht dumm, also ist Frau Albers nicht verwirrt, so die Logik einiger Heimbewohner.

Die wenigsten Menschen wollen zugeben, daß jemand verwirrt ist oder sich auf der Grenze zur Verwirrtheit befindet. Man würde damit ja die Möglichkeit einräumen, daß man »auch so« werden kann. Da sagt man lieber, der andere ist dumm oder verlogen, wenn er seltsame Dinge erzählt. Oder man sagt Dinge, die stimmen könnten, von denen man aber weiß, daß sie es nicht tun. Als ich kurz hier im Haus war, wurde ich eindringlich vor dieser »unmöglichen Person« am Nebentisch gewarnt. Sie sei eine eitle Lügnerin. Zuerst schien mir das, was sie erzählte, ganz glaubhaft. Aber als ich dann mehr Erfahrung hatte, merkte ich, daß sie zeitweilig verwirrt war, nur, das wollten ihre Tischgenossinnen nicht wahrhaben.

Solche gar nicht einmal böse gemeinten Warnungen können Heimbewohner leicht in die Isolation treiben. Ich weiß nicht, ob die »Lügnerin« am Nebentisch wußte, was man über sie redete, angemerkt hat man ihr nichts. Aber ich sah sie überall allein: im Garten, in der Cafeteria. Bei Tisch sprach man nicht mit ihr. Und sie trank.

Wer ins Heim geht, erwartet, daß ihm dort ein »geruhsames Alter« gewährleistet wird. Das kann er verlangen, dafür zahlt er, deshalb ist er ja überhaupt eingezogen. Ärger und Aufregung hat er ja »draußen« genug gehabt. Aber – so einfach ist es nicht. Denn hier wie überall gibt es Menschen, die ihre alten Gewohnheiten beibehalten wollen, ohne zu überlegen, ob sie damit anderen Bewohnern vielleicht in die Quere kommen. Sie richten sich nicht nach der Hausordnung und tun, was sie wollen. Und die anderen sagen erstaunt oder verärgert: »Wenn das nun jeder täte . . .« Meistens ist es kein böser Wille, wenn zwei Parteien sich nicht einigen können. Beide fühlen sich im Recht, keiner kann oder will versuchen, sich in den anderen hineinzuversetzen. Man ist ja in jedem Alter leicht geneigt, die Dinge nur vom eigenen Standpunkt aus zu beurteilen. Im Alter kommen dann noch die zunehmende innere Unbeweglichkeit und das ebenso altersbedingte Mißtrauen dazu. Wenn beide Parteien sich aussprechen würden, wäre der Ärger wahrscheinlich bald aus der Welt. Aber: »Man will ja keinen Streit.« So zieht sich jeder in sein Zimmer zurück und brütet über das Unrecht, das ihm zugefügt wurde. Es wird immer wieder hervorgeholt. Längst Erledigtes kommt hinzu. Der Groll wächst und wächst auf beiden Seiten. Keiner will einlenken. Der Streit dauert an, auch wenn der Anlaß längst vergessen ist. Und bei manchen heißt es dann schließlich: »So was kann einem auch nur im Altersheim passieren. Wäre ich bloß nicht hergekommen.« Das ist verhängnisvoll, denn es gibt immer Leute, die zustimmen, womit sie sich und anderen die Ruhe rauben. Es gibt sogar Menschen, die sich beinahe schämen, daß sie mit allen in Frieden leben.

Man bildet sich ja immer ein, daß man mit der Zeit die Menschen kennt, mit denen man zusammenlebt, daß man weiß, wie sie in bestimmten Situationen reagieren. Und dann reagieren sie ganz anders. Wo ich zum Beispiel Aufregung bis zum Herzanfall erwartet hatte – als wir über eine Stunde im Aufzug feststeckten –, fand ich Ruhe und Beherrschung. Und wo ich Geduld und Gelassenheit erwartet hatte (zum Beispiel wenn sich die Abläufe im Heim durch plötzliche Wettereinbrüche und Verkehrsbehinderungen etwas verschieben), fand ich erregte Gemüter und Unverständnis.

Das Wetter kann ein Altersheim überhaupt ganz schön durcheinanderbringen. Viele Bewohner leiden unter Wetterfühligkeit, die sie nervös macht und ihre Schmerzen und Leiden verstärkt. Aber das wollen die wenigsten wahrhaben. Eher machen sie das Heim verantwortlich für ihr Unbehagen: »Die hätten aber doch wirklich ...« – was, bleibt allerdings unklar.

Bei solchen Gelegenheiten merkt man, wie hilfreich es ist, wenn man es trotz vielfacher körperlicher Mängel fertigbringt, den Dingen gelassen gegenüberzustehen. Es heißt ja, diese Haltung sei gewissermaßen ein Merkmal des Alters. Sicher, bei vielen Menschen stimmt das. Aber ich habe ebenso viele Menschen hier getroffen, die weit entfernt davon sind. Sie klagen: »Womit habe ich das verdient? Ich tue doch keinem Menschen etwas. Am liebsten würde ich weggehen von hier. Aber wohin? Manchmal kann ich es kaum aushalten. Wenn ich andere so ansehe, was die noch alles können. Und ich? Nichts, gar nichts kann ich mehr. Ach, wenn ich doch sterben könnte.«

Am Anfang habe ich immer versucht, diesen Menschen gut zuzureden. Ich habe versucht, ihnen zu zeigen, daß auch sie manches können, was anderen schon lange nicht mehr gelingt. Es war vergeblich. Ich hatte manchmal sogar den Eindruck, daß sie sich im Grunde gar nicht von ihren trüben Gedanken lösen wollten. Vielleicht brauchen sie sie, dachte ich. Vielleicht wäre sonst anstelle dieser Gedanken sozusagen ein Loch, einfach gar nichts. Und das wäre noch schlimmer als Unzufriedenheit. Jetzt höre ich ihnen immer nur zu, zumindest versuche ich es. Nach einer Weile gehen sie dann erleichtert davon. Denn so las ich auf einem Kalenderblatt: »Jeder Mensch braucht ein Ohr, an das er hinjammern kann« (Aus China).

DAS BEZIEHUNGSNETZ DER FAMILIE

Der endgültige Schritt ist getan. Die Mutter (hier stellvertretend für alle Familienmitglieder) ist ins Heim übersiedelt. Sie ist gut versorgt. Alles ist in Ordnung. Man hatte alles gründlich überlegt. Sie war schließlich einverstanden gewesen. Nun wird es wohl klappen, denkt man. Aber jetzt entstehen Schwierigkeiten, mit denen keiner der Beteiligten gerechnet hatte. Häufig liegt es daran, daß man zu große Erwartungen an das Heim gestellt hatte. Man konnte sich wohl nicht vorstellen, wie schwierig es für alle ist, mit der neuen Situation fertig zu werden. Schwestern und Heimbewohner versuchen zwar, der neuen Hausgenossin das Einleben zu erleichtern. Aber die Hauptaufgabe liegt eben doch bei den Angehörigen. Für die erste Zeit ist es ein ständiger Balanceakt zwischen Loslassen und Stützen. Man muß versuchen, genau abzuschätzen, wann man die Mutter in das »neue Leben« entlassen kann, wann es nicht mehr notwendig ist, ständig um sie zu sein, und zu viel Umsorgtsein ihr womöglich das eigenständige Leben im Heim nur erschwert. Aber sie soll ja weiterhin spüren, daß sie nicht »abgeschrieben« ist, durch Anrufe, durch Post und natürlich durch *gelegentliche* Besuche.

Frau Kramers Tochter dagegen kam jeden Tag. Da sie durch ihren Beruf nie genau sagen konnte, wann sie kommen würde, saß Frau Kramer praktisch den ganzen Tag da und wartete. Die Wochenenden verbrachte sie immer bei der Tochter. Sie kannte zwar alle Heimbewohner, hatte aber doch keinen rechten Kontakt zu ihnen. Sie war mit ihrem Leben rundherum zufrieden, bis die Tochter zu einer langen Kur fort mußte. Jetzt war Frau Kramer plötzlich allein, denn die übrige Familie kümmerte sich nur gelegentlich um sie. Sie vereinsamte und war unglücklich. Sie hatte den Anschluß an das Heimleben verpaßt. Es wäre alles einfacher für sie gewesen, wenn die Tochter von Anfang an der Mutter geholfen hätte, den Weg *in* das Heim zu finden, statt sie am Rande zu halten.

Es ist natürlich wunderbar für jemanden, wenn er täglich Besuch bekommt von seiner Familie. Eine Zeitlang läßt sich das vielleicht auch durchführen. Aber man darf ja nicht vergessen, daß bei dem durchschnittlich sehr hohen Alter der Heimbewohner auch die Angehörigen nicht mehr die Jüngsten sind. Beim besten Willen können sie nicht unbegrenzt zur Verfügung stehen. Und die Enkel? Soweit ich es beobachten konnte, kommen sie häufig und gerne. Aber im allgemeinen haben heutzutage ja schon die Kinder mehr Verpflichtungen, als es früher üblich war. Da fehlt im Terminkalender oft einfach der Platz für einen Besuch bei der Großmutter. Es liegt also meistens nicht am so oft zitierten Generationsproblem, vorausgesetzt, daß es nicht von der Großmutter betont wird.

Frau Reichert, meine Flurnachbarin, verstand sich wunderbar mit ihren Enkeln. Wenn sie aus dem Internat nach Hause kamen, gingen sie zuerst zur Großmutter. Hier war jemand, der zuhörte, ohne wohlgemeinte Ratschläge zu geben. Niemand, der verlangte, daß sie alles erzählten. »Ich mische mich grundsätzlich nicht in ihre Angelegenheiten«, sagte Frau Reichert. »Ich kritisiere nichts. Auch wenn's mir manchmal schwerfällt. Ich dränge ihnen nicht meine Lebenserfahrungen auf, nur, wenn sie fragen. Vielleicht kommen wir darum so gut aus.«

Ich finde das bewundernswert. Denn es ist ja sehr naheliegend, daß Großmütter die Enkel vor ihrem oft unbegreiflichen Tun bewahren wollen, was auch für Mütter und Kinder gilt. Wenn die Großmutter Ratschläge gibt, auch wo sie nicht erwünscht sind, wo sie sogar als Kränkung aufgefaßt werden können, ist es Sache der Angehörigen, das nötige Verständnis aufzubringen. Von der Großmutter kann man im allgemeinen bei ihrem hohen Alter nichts anderes erwarten, besonders, wenn sie an der Grenze zur Verwirrtheit steht.

Je verwirrter die Heimbewohner werden, um so schwerer werden den Angehörigen die Besuche. Ich denke da an Frau Trimbusch. Die Tochter kam immer seltener. Sie wußte nicht, wie sie sich noch mit der Mutter unterhalten konnte. »Sie versteht ja nichts mehr«, klagte sie. »Bis vor kurzem haben wir noch zusammen Domino spielen können. Das schafft sie ja auch nicht mehr. Und einfach so bei ihr sitzen? Händchen halten? Das ist doch sinnlos. Das kann ich einfach nicht, da komm' ich mir so blöd vor.«

So geht es vielen Angehörigen. Wer selbst sehr aktiv ist, kann sich einfach nicht vorstellen, daß die Gegenwart eines vertrauten Menschen Ruhe, Frieden und Glück bedeuten kann.

Übrigens, das Verhalten von Frau Trimbuschs Tochter ist nicht so lieblos, wie es sich anhört. Durch ihre Besuche im Heim wußte sie natürlich, daß es Altersverwirrtheit gibt. Sie hatte es ja oft genug gesehen. Aber daß es eines Tages auch die eigene Mutter treffen könnte, wollte sie nicht wahrhaben. Meistens ist es sehr schwer, sich mit dieser Tatsache abzufinden. Man versucht bis zuletzt, die Mutter mit Vernunftgründen von ihren seltsamen Vorstellungen abzubringen. Bis dann der Tag kommt, an dem man sagt: »Das ist nicht mehr meine Mutter. Sie versteht nicht, was ich sage. Sie kennt mich ja nicht mal mehr. Es kann kein Mensch von mir verlangen, daß ich sie noch besuche.«

Ich weiß, daß man an diesen Punkt kommen kann, ich habe es erlebt. Und gerade weil ich über Monate hinaus den geistigen Verfall eines einstmals überdurchschnittlich begabten Menschen erlebt habe, bitte ich alle betroffenen Angehörigen, ihre Besuche nicht einzustellen. Es genügt oft, dem Patienten die Hand zu halten, einfach *da zu sein*, das heißt, nicht einfach bei ihm zu sitzen und an irgend etwas zu denken, sondern mit Herz und Gedanken muß man bei dem Verwirrten sein. Ich habe Angehörige getroffen, die hin und wieder einen »Pflichtbesuch« bei ihrer Kranken absolvierten. Es ist tragisch, wenn die Zuneigung zu einem Menschen zur lästigen Pflicht wird.

In den geriatrischen Untersuchungen wird immer dringender darauf hingewiesen, wie wichtig es ist, daß der Kontakt zwischen Pflegeheimbewohnern und Familie nicht abreißt, daß die Kranken das Gefühl haben, dazuzugehören, daß sie trotz der räumlichen Trennung teilhaben an den Geschehnissen in der Familie, auch dann, wenn sie sie nicht richtig in sich aufnehmen können. Eine Schwester zeigte dies sehr deutlich auf an einem Diskussionsabend zwischen Angehörigen und Pflegedienst in unserem Hause: »Frau Stein ist schwerstbehindert. Trotzdem ist sie nicht nur ein Pflegefall. Sie hat nach wie vor die Rolle inne, die sie in gesundem Zustand spielte. Durch die häufigen Besuche ihrer Kinder, Enkel, Nichten usw. ist sie weiterhin Mutter, Großmutter, Tante. Ein Mensch, mit dem man rechnet. In diesem Zimmer ist Leben. Wobei unter Leben nicht Betriebsamkeit gemeint ist, sondern inneres Lebendigsein. In einem anderen Zimmer hingegen, dessen Bewohnerin viel gesünder ist als Frau Stein, tut sich gar nichts, denn diese Patientin bekommt fast nie Besuch und verödet geistig-seelisch.«

Wir haben im Heim aber auch das Gegenteil erlebt, nämlich, daß die Kontakte zwischen pflegebedürftigen Heimbewohnern und der Familie sich vertiefen. Frau Sonntag hat es erlebt: Die Mutter und die Tochter mit ihrer Familie wohnten im gleichen Haus, aber in getrennten Stockwerken. Die Mutter konnte sich weitgehend selbst versorgen, bis sie einen schweren Unfall erlitt und von einem Tag auf den anderen ein Schwerstpflegefall wurde. Als sie aus dem Krankenhaus zurückkam, übernahm die Tochter ganz selbstverständlich die Pflege. »Aber –«, sagte sie, »je länger es dauerte, um so schwieriger wurde es. Und es war kein Ende abzusehen. Ich empfand diese doch eigentlich selbstverständliche Aufgabe immer mehr als unerträgliche, unzumutbare Belastung. Meine eigene Familie litt unter meiner Überbelastung. Ich wurde immer ungeduldiger, immer unfreundlicher, besonders zu meiner Mutter. Denn so häßlich es sich anhört, sie war die Ursache dieser Spannungen. Meine Liebe zu ihr schwand. Sie merkte es natürlich und litt darunter. Schließlich entschlossen wir uns zu ihrer Übersiedlung ins Heim. Seitdem nun der Druck des Alltags von uns genommen ist, freuen wir uns wieder aneinander. Ich besuche sie oft und gerne.«

Eine besondere Situation kann sich ergeben, wenn Geschwister oder Ehepaare gemeinsam ins Heim ziehen und wenn nach einiger Zeit ein Partner zum Pflegefall wird. Ich habe es ein paarmal hier erlebt. Es war schon schwer genug, wenn es sich »nur« um eine körperliche Behinderung handelte. Wirklich schlimm wurde es, wenn der Patient körperlich zwar soweit gesund blieb, aber immer verwirrter wurde. Je länger der Gesunde einer ständigen seelischen Belastung ausgesetzt war, um so gespannter wurde das Verhältnis. Mitgefühl und Geduld verwandelten sich zunehmend in Aggressionen und schlecht bezwungene Ungeduld. Latente körperliche Leiden brachen aus, leichte Unpäßlichkeiten verschlimmerten sich. Der gesunde Partner träumte davon, wie schön es wäre, wenn ein Pflegeplatz für den Kranken gefunden würde, wenn man ausschlafen könnte, wenn man den Kranken nur stundenweise zu besuchen brauchte. Jedoch, wenn die Möglichkeit dazu sich wirklich bietet, machen die wenigsten davon Gebrauch. Die jahrzehntelange Verbundenheit ist eben doch stärker als die augenblickliche Situation, so unerträglich sie auch erscheint.

WENN MAN PLÖTZLICH SO VIEL ZEIT HAT

Die ersten Tage im Heim sind ausgefüllt mit notwendigen Tätigkeiten: die Sachen müssen eingeräumt werden, man muß sehen, wie man mit dem wenigen Platz auskommt. Man hat zwar nur das »Unentbehrlichste« mitgenommen – so denkt man. Trotzdem weiß man nicht, wohin damit.

Kein Nebenraum, im Keller nur Platz für die Koffer. Nicht mal eine Kammer, wohin man alles stopfen könnte, was man im Augenblick nicht unterbringen kann, was man aber doch nicht wegwerfen möchte, weil man es ja irgendwann mal brauchen könnte. Und wegwerfen würde eine weitere Trennung von »früher« bedeuten. Aber schließlich sind diese Probleme gelöst. Die letzten freundlichen Helfer atmen auf: »So, jetzt hast du's geschafft« und verschwinden. Gar nichts ist geschafft. Im Gegenteil, jetzt fangen neue Schwierigkeiten an, denn nach all den Tagen der Hetze kommt die große Leere. Man hat Zeit – viel zu viel Zeit.

Es ist wirklich ein Elend: Früher – vielleicht ist es noch gar nicht so lange her –, als man noch »mitten im Leben stand«, hatte man nie genug Zeit. Und jetzt, im Ruhestand, wenn man sie endlich hat und genießen könnte, möchte man sie am liebsten loswerden. Weiterschenken an jemanden, der sie dringend braucht, an Schwestern und Pfleger etwa, an einen Gast, der sich mit den Worten verabschiedet: »Ade, wenn ich Zeit habe, schau' ich wieder 'rein«, an den »Telefonbesucher«, der sagt: »Ich muß jetzt wirklich Schluß machen. Ich hab' keine Zeit mehr. Aber es war ja auch ein langes Gespräch, über eine Stunde.«

Das stimmt. Eine Stunde kann sehr lang sein, wenn der Tag ausgefüllt ist mit wichtigen Dingen.

Aber im Altenheim ist eine so ausgefüllte Stunde für die meisten Menschen sehr kurz, und viele, viele leere Stunden folgen.

Es gibt einen Spruch: »Zeit ist ein kostbares Gut.« Und doch sucht man Mittel und Wege, es loszuwerden. Man sucht verzweifelt einen »Zeit-Vertreib«. Ist es nicht erschreckend, daß man ein kostbares Gut vertreiben will, statt es sinnvoll zu nutzen? »Ja, ja«, höre ich einige Leute sagen, »das gilt für Jüngere, Gesündere. Aber hier, im Altenheim, was mach' ich da mit der Zeit? Verwandte, Freunde, die von draußen kommen, sagen oft neiderfüllt: ›Jetzt kannst du dich endlich ausruhen. Jetzt hast du Zeit dazu. Und du hast es verdient.‹«

Das gleiche habe ich von Heimbewohnern gehört. Gut, eine Weile kann man sich ausruhen von »früher«, bewußt abschalten, »alle Viere von sich strecken«. Das klingt verlockend für den, der in der Arbeit steht. Aber Ausruhen als einzige Beschäftigung? Und doch tun viele Heimbewohner nichts anderes.

Ich sehe eine Gefahr des Heimlebens darin, daß es zum Nichtstun verführt, daß man in eine gewisse Lethargie verfällt. Es steht ja kein Muß hinter einem. Und je länger man in diesem Zustand verharrt, um so schwerer findet man heraus. Solange man selbst noch aktiv ist, kann man sich schwer vorstellen, wie lähmend Untätigkeit sein kann. Nicht umsonst spricht man von »tödlicher Langeweile«. Ich bin jeden Tag von neuem froh, daß ich Hobbys habe, die ich hier gut pflegen kann und für die ich mir während meiner Berufszeit jede Minute stehlen mußte. Es ist ein Geschenk, wenn man auch im Altersheim sagen kann: »Ich habe keine Zeit.« Wenn man sie wirklich nicht hat. Wenn man nicht auf Pseudobeschäftigungen ausweichen muß, um die Tage einigermaßen erträglich zu machen.

Wie Frau Seiler: »Viele Leute hier klagen über Langeweile. Also das begreife ich nicht. Mir ist nie langweilig. Ich räume auf.« Ich konnte es nicht fassen, aber es stimmte. Aufräumen war ihre Hauptbeschäftigung. Sie suchte nach immer neuen, besseren Möglichkeiten, ihre Sachen unterzubringen. Immer noch, nach fünf Jahren Heimaufenthalt. Das heißt, wenn man Frau Seiler näher kennt, kann man es verstehen. Sie hat viel Schweres durchgemacht, womit sie nicht fertig geworden ist. Zudem leidet sie unter ihrer depressiven Schwester. Die ständige Aufräumerei ist wohl ein Symptom für den Versuch, Ordnung in ihre aufgestörte seelische Verfassung zu bringen.

Frau Dettinger räumt nicht auf, um die Zeit totzuschlagen, sie putzt. Sie kommt als erste zum Frühstück, ißt in großer Eile und rennt hinaus. »Warum haben Sie es eigentlich immer so eilig?«

fragte ich sie. »Ich muß putzen«, rief sie und rannte davon. Jeden Tag räumte sie alle Möbel, die sie nur irgend bewegen konnte, auf den Gang und putzte gründlich. Nur am Donnerstag nicht, da kam die Putzfrau, und Frau Dettinger saß auf dem Gang und paßte auf, daß »richtig« geputzt wurde. Nachmittags ruhte sie sich von der Arbeit aus und schlief sich neue Kräfte an für den nächsten Tag. Als sie in die Pflege kam, lief sie stundenlang im Haus umher, von innerer Unruhe getrieben, auf der Suche nach etwas, das sie putzen konnte.

Und was tun die vielen anderen, die nicht aufräumen oder putzen? »Ich warte, bis es endlich Abend wird«, sagte Frau Paulus. Ich glaube, das tun mehr Heimbewohner, als man meint. Denn es gibt viele leere Stunden im Heim, trotz des reichhaltigen Veranstaltungskalenders. Nach einer Stunde sind die Veranstaltungen in der Regel zu Ende. Außerdem schaffen es viele Heimbewohner im letzten Augenblick dann doch nicht, an etwas teilzunehmen. Sie hatten es sich zwar vorgenommen, aber im letzten Augenblick machen sie einen Rückzieher. Von plötzlichen Depressionen und Ängsten bedrängt, verkriechen sie sich in ihrem Zimmer und sehnen sich verzweifelt nach der Gegenwart eines Menschen. Da dieser plötzliche, seelische Einbruch nicht voraussehbar ist, kann man auch nur schwer Hilfe von außen organisieren, denn vom Haus aus ist es kaum möglich, sich dieser Menschen anzunehmen.

Es gibt immer wieder Versuche, die Zeit einigermaßen sinnvoll zu verbringen. Ich weiß von einer alten Dame, die fast blind und stark gehbehindert ist, die sich jeden Vormittag planmäßig eine Stunde lang an irgendeine bestimmte Begebenheit aus ihrem Leben erinnert. Ich fand das zuerst eine gute Idee. Aber dann dachte ich: »*Eine* ausgefüllte Stunde? Lohnt sich das?« Doch, denn es erfordert bestimmt viel Konzentration, sich über eine Stunde wirklich nur an diese eine Sache zu erinnern und nicht die Gedanken unkontrolliert in alle Richtungen abschweifen zu lassen. Aber einmal ist auch der reichste Erinnerungsschatz erschöpft, und auch die schönste Erinnerung nutzt sich ab durch zu häufigen Gebrauch. Und wieviel Erinnerungswert bleibt wirklich übrig? Es gibt in jedem Leben doch so viele Dinge, die man lieber ruhen lassen möchte, die man schon, als sie geschahen, so schnell wie möglich »vergaß«. Soll man die nun auch heraufbeschwören? Allein? Denn ein geeigneter Ansprechpartner ist meist nicht da. Dazuhin gibt es so viele alte Menschen, die den wohlgemeinten Rat, sich an Vergangenes zu erinnern, nicht befolgen können, weil sie fast alles vergessen oder verdrängt haben. Für diese Menschen muß ein Tag unvorstellbar lang sein. Fernsehen, Radiohören, Lesen – das alles kommt wegen schlechter Augen und Ohren oft kaum mehr in Frage. Schließlich werden die Mahlzeiten und das eigene Befinden zum Hauptlebensinhalt, was die Stimmung nicht gerade hebt. Denn irgend etwas findet sich immer zum Beanstanden. Man kann sie kaum auf andere Gedanken bringen, jedenfalls nicht nachhaltig. Mir scheint, daß sie diese negativen Gedanken, das Nörgeln und grundlose Kritisieren brauchen, um sich und anderen zu beweisen, daß sie noch »mitreden« können, trotz körperlicher Einschränkungen.

Ich kenne auch Heimbewohner, die Schlafen zu ihrer Hauptbeschäftigung gemacht haben, die jeden Tag ein bestimmtes Quantum Schlaf schaffen müssen. Nicht weil sie müde sind, sondern weil sie die Zeit »wegschlafen« wollen. Denn die Zeit ist kein Geschenk für sie, sondern eine Last.

Wir haben ja nun eine Vielzahl Beschäftigungsangebote, um den Heimbewohnern »die Zeit zu vertreiben«. Aber da die Menschen im Durchschnitt älter sind, wenn sie ins Heim gehen, als noch vor ein paar Jahren, können sie wegen ihrer körperlichen Verfassung nicht mehr überall teilnehmen. Oder sie glauben, daß sie es nicht mehr können. Neues wird von den meisten abgelehnt mit der Begründung: »Dazu bin ich zu alt. Das habe ich früher nicht gemacht, wozu soll ich so was noch lernen.« Viele haben Angst, etwas verkehrt zu machen, auch wo man eigentlich gar nichts falsch machen kann, zum Beispiel beim Modellieren von Ketten. An einem Nachmittag wollten wir nur ganz einfache Gebilde aus Modelliermasse formen, irgendwie, wie jeder es fertigbringen konnte. Einige Mitbewohner machten zwar mit, aber ich glaube, mehr mir zuliebe. Sie waren dann doch freudig überrascht über die wirklich wunderschönen Ergebnisse. Und wie froh war die Gruppe erst, als sie wieder stricken und häkeln »durfte«. Die Angst vor dem Versagen steckt tiefer, als man meint. Manche können sich nicht vorstellen, daß ich ja auch erst einiges ausprobieren mußte, bis ich es so konnte, um es weitergeben zu können. So resignieren viele, wenn die Arbeit nicht sofort gelingt.

Das mangelnde Interesse bezieht sich nicht nur auf handwerkliche Dinge, sondern etwa auch aufs Vorlesen. Als ich vor 13 Jahren damit anfing, hatte ich eine Gruppe von mindestens 20 Teilnehmern, jetzt sind es 6 bis 8. Am besten besucht sind Gymnastik, Volksliedersingen und die Gedächtnisspiele, da sind wir 16. Natürlich wollen die Teilnehmer ihr Gedächtnis wachrütteln. Aber hauptsächlich wollen sie Spaß haben. Da das Bildungsniveau der Zuhörerinnen sehr unterschiedlich ist, frage ich zwar nach allgemein bekannten Dingen, aber »um die Ecke herum«. Ich muß die Gruppe jedesmal von neuem bewundern, wie rasch sie die Lösung findet. (Ich selbst kann meine eigenen Fragen nach zwei Stunden nicht mehr beantworten, wenn ich die Lösung nicht gleich dazuschreibe.) Es geht immer sehr heiter zu bei uns. Und wie nötig so eine gelockerte Stimmung ist, merkte ich, als eine Teilnehmerin sagte: »Diese Stunde ist die einzige Zeit in der Woche, wo ich zum Lachen komme.« Die meisten Teilnehmer stimmten zu.

Zu den Festen und Feiern versuche ich, möglichst alle zum Kommen zu bewegen, soweit sie irgendwie dazu in der Lage sind. Die Patienten nehmen oft wohl nicht mehr genau wahr, um was es sich handelt, aber sie haben das Gefühl, dabeizusein, und das ist wichtig. Man fragt alle, ob sie in den festlich geschmückten Saal kommen möchten. Aber manche lehnen ab, nicht, weil ihr Befinden es nicht zuließe, sondern weil diese Höhepunkte im Heimleben für sie Tiefpunkte bedeuten. Sie denken an »früher«, als die ganze Familie gemeinsam feierte. Sie sind verbittert über den »Undank« ihrer Angehörigen, die sie »abgeschoben« haben, »nach allem, was ich für sie getan habe«. Manchmal sind diese Klagen berechtigt. Manchmal begreifen Heimbewohner die äußeren Gegebenheiten nicht mehr. In jedem Fall verkriechen sie sich in ihrem Kummer: Und es ist manchmal sehr mühsam, sie da herauszuholen, was trotz aller Geduld und

Überredungsversuche keineswegs immer gelingt. Sie bleiben in ihrem Zimmer. Oder wenn sie doch mit in den Festsaal gehen, lassen sie Festschmuck und Veranstaltung teilnahmslos an sich vorübergehen. Oft hat man den Eindruck, daß sie längst mit dem Leben abgeschlossen haben, auch wenn sie mit an der Kaffeetafel sitzen, sind sie eigentlich »nicht da«. Sie meinen, daß für sie die Zeit aufgehört hat, ihren Tag zu bestimmen.

BESUCH IM PFLEGEHEIM

In unserem Hause gibt es auf jedem Stockwerk zwei Lebensbereiche: Altenwohnheim und Pflegeheim, kurz: »die Pflege«. Sie sind nur durch eine Glastüre verbunden – oder getrennt. Daß viele Heimbewohner »die Pflege« so weit wie möglich aus ihrem Bewußtsein verbannen, liegt nicht an der Einrichtung. Bis auf wenige Ausnahmen haben die Patienten Einzelzimmer, nach Belieben mit eigenen Möbeln eingerichtet. Das einzig wirklich Unangenehme ist, daß die Zimmer keine eigene Toilette und Naßzelle haben. Es gibt nur einen Waschtisch mit fließendem, warmem und kaltem Wasser. Für 11 Patienten sind 2 Toiletten vorgesehen, 3, wenn man die im Pflegebad mitzählt. Das ist sehr ungünstig. Denn einige Patienten sind beweglich genug, um den Gang zu einer nahegelegenen Toilette schaffen zu können, den zu einer weiter entfernten jedoch nicht.

Abgesehen von diesem baulichen Manko hat die Pflegeabteilung auf den ersten Blick nichts Bedrückendes. Zimmer und Flure sind hell, an den Wänden hängen fröhliche Bilder. Der Aufenthaltsraum mit Fernseher ist gemütlich eingerichtet. Aber man spürt den ständigen Zeitdruck, unter dem die Schwestern und Zivis arbeiten müssen. Die Unruhe liegt in der Luft, besonders zu den Stoßzeiten: Morgen- und Abendtoilette, Essen austeilen, Medikamente geben. Dazu kommt die Atmosphäre, die von Verwirrtheit und körperlichen Leiden geprägt ist. Manche Türen stehen offen, und im Vorübergehen sieht man die Patienten im Bett liegen, unbeweglich, mit geschlossenen Augen oder mit leerem Blick, nicht ansprechbar. Man weiß, es ist unwiderruflich die letzte Station.

Ich kann mich noch erinnern, wie ich an meinem ersten Morgen im Heim unvermutet Frau Bauser gegenüberstand. Ich war bei ihrem Anblick – gelinde gesagt – etwas erschrocken. Wie sie den Gang entlangschlurrte, mit tief eingeknickten Knien, den Oberkörper weit vorgestreckt, das Gesicht verzerrt, von grauen, strähnigen Haaren umzottelt, die Augen starr geradeaus gerichtet. Mühsam zog sie sich am Geländer entlang. Plötzlich schoß sie quer über den Gang zum jenseitigen Geländer. Als ich sie versuchsweise grüße, schaut sie auf und sagt ganz »normal«: »Grüß Gott.«

Ich kann verstehen, daß jemand, der noch nie ein Pflegeheim gesehen hat, einen Schock bekommt bei solch einer Begegnung, denn die Reaktionen der Patienten sind verschieden und oft unerwartet. Es gibt auch Altenheimbewohner, die nehmen den Anblick der Patienten gelassen hin. Sie beachten sie nicht besonders, wenn sie nicht durch irgendeinen Vorfall an sie eirnnert werden. Andere nehmen sich sehr intensiv der Pfleglinge an, oft trotz eigener Leiden und Schmerzen. Sie sehen darin den Sinn für ihren Aufenthalt im Heim. Und manch neuer Heimbewohner wird sich fragen: »Mit diesen Menschen soll ich zusammenleben? Kann ich das ertragen?« Da gibt es eigentlich nur zwei Möglichkeiten: ja sagen oder sich abwenden aus Selbstschutz, verdrängen, mit geschlossenen Augen, mit geschlossenem Herzen vorübergehen.

Frau Droste zum Beispiel wehrte sich jahrelang gegen jegliche Berührung mit dem Pflegeheim. Sie machte buchstäblich einen Bogen um die Patienten, ganz gleich, in welcher Verfassung diese waren. Sie lehnte sogar ein Gespräch über sie ab. Jetzt, seit ihre Sehkraft sehr abgenommen hat und sie selbst oft Hilfe braucht, hat sie sich gewandelt.

Sie unterhält sich mit den Kranken, hilft ihnen, soweit es ihr möglich ist. Ich glaube, sie ist sich ihres veränderten Verhaltens gar nicht bewußt.

Das Gefühl, durch den Kontakt mit den Patienten eigene, mögliche Wesensveränderungen sozusagen vorwegzuerleben, schreckt wohl viele Bewohner ab. Aus der Angst, auch einmal »so« werden zu können, entstehen Aggressionen, besonders, wenn die Patienten stören, etwa bei einem Konzert. Es kommt vor, daß jemand sein eigenes Lied in die Musik hineinsingt oder sich mit Nebensitzenden laut unterhält. Frau Taschner klatscht alle paar Minuten begeistert Beifall, wenn's gar nicht hinpaßt. Das ist natürlich ärgerlich, besonders, wenn man selbst auf der Bühne sitzt. Aber sollte man die Patienten deshalb ausschließen? Ich meine, auf keinen Fall.

Es ist auch kein angenehmer Anblick, wenn das Gegenüber beim Adventskaffee schlabbert und schmatzt und die Zahnprothese auf den Tisch legt. Es kommt einem leicht der Gedanke: »Muß ich das mit ansehen?« Wenn es einem dazuhin selbst nicht gut geht, fühlt man sich doppelt gestört und irritiert. Dann fällt es schwer, einen angewiderten Blick zu unterdrücken. Wenn dies dann nicht gelingt, hat man tagelang ein schlechtes Gewissen.

Man kann sich auf vielerlei Art von seinen Mitmenschen abwenden: man kann sie ignorieren, man kann sie durch »eisige Ablehnung« verscheuchen. Es gibt auch Heimbewohner, die die Patienten am liebsten ganz aus ihrem Leben ausklammern würden. Wie sagte Frau Stecher: »Die haben doch ihr Zimmer. Die sollten woanders untergebracht werden. Am besten hinter einer Mauer.« Das Tragische ist, daß die meisten Patienten diese Ablehnung spüren.

Frau Petersen sitzt in einer dunklen Ecke im Erdgeschoß in ihrem Rollstuhl, hübsch angezogen, gut frisiert. Das kann sie noch selbst, nur gehen kann sie nicht mehr. Die Sprache ist durch einen Schlaganfall rauh und verwaschen geworden. Ich frage sie, ob ich sie nicht in die Halle, ins Helle schieben soll. Sie wehrt energisch ab: »Nein, da vorne will mich ja keiner. Die wollen keinen von uns. Meinen Sie, ich spüre das nicht? Nein, ich will auch kein Licht. Die brauchen mich nicht zu sehen, wenn sie vorbeikommen.« Ich habe dies, meist weniger deutlich ausgedrückt, oft gehört.

Das Verhältnis Altenheimbewohner–Patienten ist oft getrübt, weil man sich gegenseitig meist nur nach dem äußeren Erscheinungsbild beurteilt. Oft denkt der eine vom anderen: »So gut möchte ich es auch noch mal haben!« Ich habe es selbst erlebt, wenn ich zwar am Stock, aber »flott und aufrecht« durchs Haus gehe, daß mir ein Rollstuhlfahrer nachruft: »Wie Sie möcht' ich noch mal laufen können!« Verständlich, meine Schmerzen sieht er ja nicht. Ich habe auch schon manchmal in Gedanken mein Leiden gegen das anderer Leute eingetauscht.

Und so ist oft eine Wand aufgerichtet, zwischen Menschen, die aufeinander zugehen sollten, anstatt sich voneinander zu entfernen. Aber das Aufeinanderzugehen ist oft sehr schwer. Wie soll man sich Verwirrten gegenüber verhalten? Man kann höchstens auf ihre wirren Reden eingehen, um sie durch »vernünftige Gegenargumente« nicht aufzuregen. Man kann eigentlich nur »da sein« und hoffen, daß die Kranken spüren, daß sie nicht vergessen sind.

Deshalb geht Frau Schaller regelmäßig in eine Abteilung der Pflege, um mit den Patientinnen zu singen oder »Ball zu spielen«. Es ist ein herzzerreißender Anblick, wie die alten Frauen in ihren Rollstühlen hocken, irgendwohin starrend, ganz »weit weg«. Ab und zu aufwachend, um ein paar melodieähnliche Töne auszustoßen oder um den Ball auf dem Tisch weiterzuschubsen. Es ist besonders belastend, wenn man erlebt, wie ein Mensch langsam in diesen Zustand gerät.

Ob ich mich mit der Zeit an die Patienten gewöhnt habe, an ihr Aussehen, an ihre Verwirrtheit? Ja und nein. Der Schock der ersten Zeit ist längst vergangen. Geblieben ist die Bestürzung, daß man manche Menschen endgültig nicht mehr erreichen kann, jedenfalls nicht auf dem Wege »normaler« Verständigung.

ANGST UND DIE SUCHE NACH SICH SELBST

Es erschüttert mich jedesmal von neuem, wenn ich Menschen beobachte, die die Grenzen von der geistigen Normalität zur Verwirrtheit überschreiten – zuerst kaum wahrnehmbar. Vielleicht will man es auch nicht wahrnehmen, je nachdem wie nahe man sich dem Menschen verbunden fühlt. Aber die Veränderung ist nicht aufzuhalten, bis einmal der Tag kommt, an dem der Patient auch den liebsten Menschen nicht mehr erkennt. Die Zeit, in der er sich selbst nicht mehr kennt. Er hat sich verloren.

Frau Altmann wandert im Park umher und singt mit einem klaren, weichen Sopran. Sie verfügt über einen schier unerschöpflichen Schatz an Liedern, und es fällt kaum auf, daß sie alles durcheinander singt. Zwischendurch macht sie Freiübungen. Als sie mich an meinem Lieblingsplatz am Teich entdeckt, betrachtet sie mich wütend: warum ich nicht lieber turne, anstatt da rumzusitzen, und überhaupt, was ich denn hier tue in ihrem

Garten. Ehe ich antworten kann, setzt sie sich neben mich. Ihr Gesicht entspannt sich. Wir schweigen eine Zeitlang, dann spricht sie leise über Blumen und Vögel. Ich erzähle ihr von den vielen Tieren, die in meiner Kindheit Haus und Garten bevölkerten, und wir lachen gemeinsam über deren Streiche. Sie ist geistig ganz wach. Aber nach einer Weile merke ich, daß sie nicht mehr richtig zuhört. Wir schweigen wieder. Auf einmal sieht sie sich um und sagt klagend: »Es ist so schön hier, warum kann ich nicht dankbar sein?« Von einem Augenblick auf den anderen jedoch ist die Klarheit aus ihrem Gesicht wie weggewischt. Ihr Augen haben wieder den starren, bösen Ausdruck. Sie springt auf und schimpft: »Warum muß ich in dem Dreckstall hier leben? Wie komme ich überhaupt hierher?« Laut schimpfend verläßt sie mich. Über die Schulter ruft sie mir zu: »Kennen Sie mich überhaupt? Ich habe keine Ahnung, wer ich bin.«

Es gibt viele Menschen in der Pflege, die man selten oder gar nicht mehr erreichen kann. Sie scheinen eingesponnen zu sein in eine undurchdringliche Hülle, als befänden sie sich in einer Welt, zu der Gesunde keinen Zutritt haben. Sie sitzen meist schweigend, scheinbar beziehungslos nebeneinander.

Aber so unerreichbar verwirrte Patienten für den Gesunden sind, untereinander muß es für sie einen Weg der Kommunikation geben. Frau Burger und Frau Goppel waren vom ersten Kennenlernen an unzertrennlich. Frau Burger, immer noch eine stattliche, elegante Erscheinung, schleppte sich mühsam, wegen eines Rückenleidens mit fast waagrecht abgewinkeltem Oberkörper, durch Garten und Haus. Und getreulich hinterher schusselte Frau Goppel, klein, zerknittert, wuselig, in Filzpantoffeln, einer zerknautschten Jacke und mit einem ausgebeulten Regenhut. Letzteren nicht wegen des Wetters, sondern weil sie sich sonst ihre spärlichen Haare vollends ausgerauft hätte. Niemand hat die beiden je miteinander sprechen sehen. Das wäre auch kaum möglich gewesen, denn beide waren fast taub. Aber sie schienen sich irgendwie zu verstehen und sich gegenseitig gutzutun. Dann starb Frau Burger. Ich war in Sorge, wie Frau Goppel mit dem Verlust fertigwerden würde, aber scheinbar bemerkte sie ihn gar nicht.

Man trifft verwirrte Patienten zu jeder Tages- und Nachtzeit im Haus. Manche beginnen ihre Wanderung in aller Frühe, noch vor dem Frühstück, ehe sie angezogen sind. Sie streichen lautlos durch die Gänge und finden oft nicht mehr in ihre Zimmer. Manche sind auf dem Weg »nach Hause«. Nicht unbedingt zu ihrem letzten Wohnsitz, eher wohl zu dem Ort, an dem sie sich – aus welchen Gründen auch immer – besonders »zu Hause« gefühlt haben. Sie haben nicht nur die räumliche Orientierung verloren, viele haben »sich selbst verloren«. Und einige wissen es sogar.

Frau Logau steht auf dem Flur, nahe bei ihrem Zimmer. Sie sieht sich ganz verstört um. Als sie mich wahrnimmt, ruft sie mir zu: »Hallo, ach bitte, wo ist denn Frau Logau?« »Frau Logau? Die steht vor mir. *Sie* sind Frau Logau.« »Ja, ja«, antwortet sie ungeduldig, »das meine ich nicht. Ich will wissen, wo *ich* bin, *ich*. Verstehen Sie nicht?« Ehe ich etwas sagen kann, geht sie fort, klagend: »Niemand versteht mich, niemand.«

Einmal steht Frau Volk vor meiner Tür und sieht sich suchend um. Sie ist sehr oft auf der Suche, ganz real nach ihrer Cousine, die auch hier wohnt – nach einer Veranstaltung, aus der sie gerade kommt, oder einfach so. Ich frage also, was und wen sie sucht. »Ja«, sagt sie, »ja« und schweigt und sieht mich ganz verstört an. Dann: »Ich suche mich. Und das ist wohl das schwerste.« Langsam hinkt sie davon.

Frau Fritsch geht langsam über den Flur, bleibt an jeder Tür stehen, studiert aufmerksam das Namensschild. »Na, Frau Fritsch«, frage ich, »zu wem möchten Sie denn?« »Ich weiß es nicht.« »Wollten Sie vielleicht in Ihr Zimmer?« »Ja«, sie ist ganz erleichtert. Ich führe sie hin. Sie bleibt zögernd vor ihrer Tür stehen und traut sich erst hinein, als ich ihr das Namensschild gezeigt habe. Aber sie fragt doch noch einmal ängstlich nach: »Und da darf ich wirklich hinein, auch in der Nacht? Auch zum Essen?« Ich bestätige ihr alles. Schließlich ist sie beruhigt. In der Tür dreht sie sich noch mal um: »Sie müssen das verstehen. Ich bin ja erst so kurz hier.« Sie ist seit mindestens vier Jahren bei uns und findet sich immer schlechter zurecht. Wenig später wandert sie wieder im Haus umher, auf der Suche nach ihrem Zimmer.

Manche Patienten sind tagaus, tagein auf der Suche, nicht nach etwas Bestimmtem, einfach auf der Suche, umgetrieben, ruhelos. Man kann diesen motorisch unruhigen Menschen kaum helfen. Wenn man versucht, sich mit ihnen zu unterhalten, tun sie ein paar Minuten mit. Dann stehen sie unvermittelt auf und wandern weiter. Das beste ist, man läßt sie ruhig wandern. Wenn man ihre Wanderung aus praktischen Gründen unterbrechen muß, etwa weil es Essenszeit ist, werden sie manchmal aggressiv, zornig, sogar tätlich. Manche sehr unruhige Patienten werden vorübergehend in einer geriatrischen Klinik auf Medikamente eingestellt. Aber diese helfen nur bedingt. Stärkere Mittel würden die Menschen so stillegen, daß sie zu einem Wesen würden, das nur noch vor sich hinvegetiert. Und das will man möglichst vermeiden.

Ich gehe durch die Pflegeabteilung. Plötzlich höre ich ein heulendes, beinahe unmenschliches Schreien, ein Schreien, wie ich es nur einmal hörte, am ersten Weihnachtstag 1944, als ich an einer Zweigstelle des KZs Dachau in Überlingen am Bodensee vorbei mußte. Ich bleibe einen Augenblick erstarrt stehen, sehe mich um. Keine Schwester, kein Pfleger in der Nähe. Ich gehe in ein Zimmer. Eine Frau liegt im Bett, die Augen voller Entsetzen weit aufgerissen, sie schreit, schreit und schreit. Ich beuge mich über sie, versuche, sie anzusprechen. Als sie mich schließlich wahrnimmt, klammert sie sich so fest an mich, daß ich mich kaum rühren kann. Langsam beruhigt sie sich. Ihre Züge entspannen sich. Da erst merke ich, daß ich bei der netten Hundertjährigen bin, die jeden Nachmittag im Rollstuhl in der Halle sitzt und jedem freundlich zulächelt. Als ich mich aus ihrer Umklammerung lösen will, fängt sie wieder an zu schreien. Endlich stürzt ein junger Pfleger herein. »Gut, daß Sie hier sind. Ich konnte nicht eher kommen. Ich kann ja nicht überall gleichzeitig sein.« Er weint beinahe. »Können Sie noch eine Weile bleiben? Sie brauchen nichts zu tun. Nur dasein.« Nur dasein sollte ich. Nichts weiter. Aber diese einfache, selbstverständliche Hilfe, das *Da-Sein*, wenn die Ängste die alten Menschen überfallen – rational nicht erklärbare, aus dem Unterbewußten aufsteigende Ängste – das *Da-Sein* ist aus Zeitmangel, das heißt aus Personalmangel, oft kaum möglich.

Es gibt Menschen, die schreien oft stundenlang. Ihre Schreie gellen durch das ganze Haus, für Außenstehende und neue Heimbewohner sicher erschreckend. Was geht in ihnen vor? Man weiß es nicht, man weiß nur, daß sie in Not sind, denn auch wer aus Zorn oder Trotz schreit, ist in Not. »Hilfe! Hilfe!« schrie Frau Zwolle Tag und Nacht. Fast ununterbrochen, zuerst aus Ungeduld, weil sie das Warten nie gelernt hatte, wie sie sagte. Diese Ungeduld hätte sich mit einiger Mühe aus ihrer Lebensgeschichte wohl erklären lassen, aber für diese zusätzliche Mühe fanden die Schwestern beim besten Willen nicht die Zeit. So ließen sie Frau Zwolle ruhig mal warten. Sie »brauchte ja nichts«, es gab Wichtigeres zu tun, vom Praktischen her gesehen, durchaus richtig – weshalb Frau Zwolle aber noch drängender schrie und die Schwester noch mehr gegen sich aufbrachte. Ein wahrer Teufelskreis.

Für die Umwelt bedeuten solche Menschen eine dauernde Belastung. Und wenn man Tag und Nacht unter ihnen leidet, hören Mitgefühl und Verstehen einmal auf. Man wird aggressiv, rennt zum Heimleiter: »Zum Donnerwetter, dazu zahle ich nicht die hohe Miete, daß ich pausenlos das Geschrei anhören muß. Schließlich bin ich auch nicht gesund. Tun Sie doch endlich was!« Tun kann er zwar nichts, das weiß man. Aber man hat sich seinen Zorn mal wieder von der Seele geredet, und das erleichtert. Im besten Fall kann man einen schreienden Patienten in ein abgelegenes Zimmer verlegen, damit wenigstens nicht immer die gleichen Heimbewohner unter ihm leiden. So verbrachte auch Frau Zwolle ihre letzten Wochen in einem zwar entfernten, von den Schwestern aber gut einsehbaren Zimmer. Hier fühlte sie sich zwar wohl, aber sie schrie weiter bis zu ihrem Ende um Hilfe. Aus Todesangst. Und die konnte ihr niemand nehmen.

Schlimmer als das Geschrei, das durch das ganze Haus zu hören ist, ist der unhörbare Ruf um Hilfe. Ich habe Kranke erlebt, die anscheinend dumpf kauern und plötzlich in lautloses, hemmungsloses Weinen ausbrechen. Oder sie sehen einen mit so viel Qual im Blick an, daß es einem das Herz brechen könnte. Aber sie können nicht sagen, was ihnen fehlt. Fragen nehmen sie meist gar nicht auf. Man kann nur still bei ihnen sitzen und ihre Hand halten. Am schwersten ist es wohl, wenn die Menschen Angst vor dem Sterben haben. Viele seufzen zwar oft: »Ach, wenn ich doch endlich einschlafen dürfte...« Besonders, wenn sie keine Angehörigen mehr haben, wenn sie große Schmerzen leiden und sich fragen: »Was soll ich noch auf der Welt?« Aber trotz des vordergründigen Wunsches zu sterben ist die Angst vor dem Tod immer gegenwärtig. Sie wird wohl für kurze Zeit durch ein Gespräch mit unserer sehr netten und geschickten Pfarrerin gelindert, überwunden wird sie nicht.

Ich glaube, die Menschen, die nicht an Gott glauben, leiden noch mehr unter der Furcht vor dem Tod. Für sie hört nach diesem Leben ja alles auf. Oder doch nicht? Diese Ungewißheit, die Vorstellung, in ein Nichts zu stürzen, ist für sie oft mit großen Ängsten verbunden: Mein Flurnachbar, Herr Petzold, 94 Jahre alt, lag im Krankenhaus. Er war sehr schwach und hatte starke Schmerzen. Ich telefonierte jeden zweiten Tag mit ihm. Er freute sich zwar immer, wenn er vom Heim etwas hörte, aber er schien sich damit abgefunden zu haben, daß er wohl nicht mehr zurückkommen würde. Aber dann erlebte er mit, wie sein Mitpatient im Schlaf gestorben war, und nun packte ihn die Angst, es könnte ihm auch so ergehen. »Ich bin so müde«, flüsterte er ins Telefon, »aber ich wage nicht mehr zu schlafen. Ich habe Angst, ich könnte nicht mehr aufwachen. Ich habe meinen neuen Zimmergenossen gebeten, er soll mich immer wecken, wenn ich eingeschlafen bin.« Offenbar hat die Angst vor dem Tod Herrn Petzold neue Lebenskraft gegeben, denn er ist inzwischen wieder bei uns.

Es ist heutzutage nichts Besonderes mehr, wenn jemand 100 Jahre alt wird. Aber daß man dabei so lebenslustig und energisch bleibt und die Umgebung mit witzigen Aussprüchen erheitert wie Frau Heller, das ist wohl doch selten. Zum Schluß jedoch, als sie fast nichts mehr hörte, wurde sie stiller, bedrückter, von Ängsten geplagt. Kurz vor ihrem 101. Geburtstag wurde sie gefragt, was sie sich wohl wünsche. Sie wies alle Vorschläge weit von sich. Schließlich sagte sie: »Ich wünsch mir einen lieben Menschen.« Sie ist sicher nicht die einzige, die sich einen lieben Menschen wünscht. Und zum Glück gibt es immer wieder Heimbewohner, die sich dieser von Ängsten geplagten Menschen annehmen.

MENSCHEN, DIE UM UNSER WOHL BESORGT SIND

Pflegeberufe sind nicht einfach auszuüben und setzen ein großes Maß an Idealismus und Einsatzbereitschaft voraus, wenn nötig, auch über die tariflich festgesetzte Arbeitszeit hinaus. Es ist noch nicht allzulange her, daß Berufe im pflegerischen Bereich allein den Frauen vorbehalten waren. Das hat sich geändert. Nicht wesentlich verbessert aber haben sich der soziale Status und der Personal- und Besoldungsschlüssel.

Schwestern, Pfleger und Zivis tun alles, um den Patienten ihre Tage erträglich zu gestalten. Früher galt der Grundsatz: »Die Patienten müssen satt und sauber sein.« Das sind sie bei uns. Aber es handelt sich ja um Menschen, nicht um Maschinen, die gewartet werden müssen. Mit dem derzeitigen Personal- und Besoldungsschlüssel bleibt für Menschlichkeit kaum Zeit. Die Berechnungen, die dem Personalschlüssel zugrundeliegen, gehen nicht auf. Für durchschnittlich 12 Patienten, darunter Schwer- und Schwerstbehinderte, sind 5 Pflegepersonen für 2 Schichten vorgesehen (einmal 2, einmal 3 Pflegepersonen). Dabei muß man aber bedenken, daß nicht immer alle da sind (Urlaub, Krankheit, freier Tag). Der Zivi muß erst angelernt werden, bis er eine wirkliche Hilfe ist. Seine Dienstzeit ist bald vorüber, und ob Ersatz kommt, ist immer ungewiß. Sogar das Wetter kann den Einsatzplan empfindlich durcheinanderbringen. Schneesturm und starke Regenfälle behindern den Verkehr. Die Schwestern stecken mit dem Auto im Stau, jedoch der Betrieb auf der Station muß weitergehen, was dann für die anwesenden Schwestern (Pfleger, Zivi) doppelte Arbeit bedeutet. Und nicht nur im Pflegeheim. Auch im Altenheim gibt es Patienten, die versorgt werden müssen: akut Kranke, Dauerpflegefälle, für die in der Pflegeabteilung kein Platz frei ist.

Man muß sich das einmal vorstellen: es klingelt in mehreren Zimmern gleichzeitig, keiner kann warten. Die wenigsten Patienten können einsehen, daß die Schwestern auch beim besten Willen nicht sofort abkömmlich sind. Eigentlich müßten es doppelt oder dreimal so viele Schwestern sein bei einem ganz »normalen« Tagesablauf: Patienten am Morgen richten, was bei Kranken, die wie eine Puppe daliegen und alles mit sich geschehen lassen, sehr zeitraubend ist, Frühstückstabletts vorbereiten und austeilen. Medikamente geben, ambulante Patienten aus dem Altenheim versorgen, was bei Diabetikern nach der Uhr geschehen muß. Frau Kreh möchte Augentropfen haben: »Jetzt gleich!« Frau Hübels Bein muß verbunden werden: »Sofort!« Später kann sie nicht mehr kommen, denn noch einmal kann sie nicht den Strumpf ausziehen. Zwischendurch klingelt es immer wieder. Das Taschenalarmgerät piepst. Und so geht es weiter, bis einige Patienten zur Therapie abgeholt werden, was für die Schwestern kaum eine Erleichterung bedeutet, denn nun müssen sie die Routinearbeiten für den Nachmittag und Abend vorbereiten. Bis auf eine kurze Frühstückspause sind sie also dauernd im Einsatz. Dabei sollen sie freundlich sein, die Patienten nicht durch Gehetze verstören. Vor allem aber: sie dürfen sich nie irren bei der Medikamentenausgabe und sonstigen Anwendungen. Wenn zum Beispiel in der Hauswirtschaft jemand aus Überlastung und großer Müdigkeit einen Fehler macht, kann das zwar sehr ärgerlich sein, eine Schwester aber kann durch einen Irrtum das Leben eines Patienten aufs Spiel setzen.

Die Schwestern sind also nicht nur körperlichen, sondern auch seelischen Belastungen ständig ausgesetzt. Es bleibt ihnen kaum Zeit zur Entspannung, geschweige denn, ruhig bei einem Patienten zu sitzen, um mit ihm zu plaudern oder einfach seine Hand zu halten. Es wäre sehr verständlich, wenn Schwestern oder Pfleger einmal ungeduldig oder gereizt mit den Patienten umgehen würden. Ich habe das bisher nie erlebt, bzw. keine Klagen darüber gehört. Im Gegenteil, ich stelle immer wieder fest, wie heiter und gelassen die Schwestern sind, trotz allem Schweren, trotz aller Leiden, die sie täglich sehen. Trotz schwieriger, verwirrter Patienten, die schreien und um sich schlagen, wenn die Schwester ihnen nur nahekommt.

Trotz Personalnotstand auch im hauswirtschaftlichen Bereich klappt der Betrieb reibungslos, von kleinen gelegentlichen Pannen abgesehen natürlich. Ohne Übertreibung: alle Mitarbeiterinnen und Mitarbeiter sind ständig überfordert, ständig in Hast und Eile. Aber sie sind immer freundlich zu den Heimbewohnern.

Wer kann sich schon vorstellen, was es für die

Küchenmeisterin bedeutet, wenn eines Morgens statt der sieben, teils ausgebildeten Kräfte, nur zwei ungelernte Frauen erscheinen? Die drei vorgesehenen Auswahlmenüs sollen aber rechtzeitig fertig sein. Dies ist ein Beispiel unter vielen, von dem man irgendwann erfährt, denn gemerkt hat man nichts davon.

Zu den Mitarbeitern gehören auch die Zivis. Sie sind so wichtig, daß ich sie gesondert erwähne. Sie arbeiten in fast allen Bereichen: In der Pflege, in der Beschäftigungstherapie, in der Hausmeisterei und im Garten. Ohne ihre Mitarbeit würde es im Betrieb sicher manchen nur schwer überbrückbaren Engpaß geben.

Die Bewohner des Altenheimes haben im allgemeinen außer den akut Kranken wenig Kontakt mit den Zivis der Pflegeabteilung. Man sieht sie den Gang entlangeilen, um die Mahlzeiten und Medikamente zu bringen und zu helfen, wo es nötig ist. Auch bei den intimsten Verrichtungen. Ich kann mir vorstellen, daß dies einige der jungen Männer doch ziemliche Überwindung gekostet hat, auch wenn sie theoretisch auf das vorbereitet waren, was sie erwartete. Ich sprach einmal mit Albert darüber, als er ein paar Minuten Zeit hatte. »Ja«, meinte er, »am Anfang war es schon schrecklich. Was man hier so zu sehen bekommt und tun muß... Am Abend war ich immer ganz geschafft.

Aber, na ja, inzwischen habe ich mich dran gewöhnt. Und inzwischen macht mir die Arbeit richtig Freude.«

Aus der Vielzahl der jungen Leute, die ich im Laufe der Jahre kommen und gehen sah, ist mir Hans-Peter besonders in Erinnerung geblieben. Als ich ihn das erste Mal sah, dachte ich: Der hätte lieber Boxer werden sollen, statt alte, kranke Menschen zu pflegen. Und sehr intelligent scheint er auch nicht zu sein. Gleich schläft er im Stehen ein. Aber man kann sich ja auch irren. Hans-Peter war kaum eine Woche auf Station III, da war er *der* Mann. Er sah nicht nur, was zu tun war, er tat es auch, unaufgefordert und selbstverständlich. An seinem stets gleichen, etwas schläfrigen Ausdruck war nicht zu erkennen, ob ihn die Konfrontation mit Krankheit, Siechtum und Verwirrtheit innerlich berührte oder ob er aus Selbstschutz die Dinge nicht an sich heranließ. Aber alle mochten ihn, Kollegen und Patienten. Und wenn er morgens mit seinem dröhnenden »Na Schätzle, wie geht's?« ins Zimmer kam, strahlten die Kranken. Ich persönlich wäre zwar nicht gerne so angesprochen worden, und es ist eigentlich auch nicht Sitte bei uns im Haus, aber sein Morgengruß klang so ehrlich und liebevoll, daß ich die Patienten verstand.

Ich glaube, Frau Kronberg hätte die letzten Wochen ihrer schweren Krankheit ohne die Hilfe

Hans-Peters nicht mit solcher Gelassenheit durchleben können. Wenn er Zeit hatte, saß er bei ihr, bis ihre Tochter nach dem Dienst kommen konnte. Und Zeit hatte er ja nur in seinen Freistunden. Als Frau Kronberg dann kaum mehr etwas essen konnte, »organisierte« er beinahe jeden Tag irgend etwas Leckeres für sie aus der Küche.

WIR UND UNSERE HEIMLEITUNG

Ein guter Heimleiter muß ein Verwandlungskünstler sein: je nach Bedarf muß er von der Rolle des Verwaltungsfachmanns in die des Seelsorgers schlüpfen, aus der Rolle des Organisators in die des Psychologen. Von Politik sollte er etwas verstehen. Und Humor sollte er auch noch haben. Er ist praktisch 24 Stunden im Dienst. Bei ihm laufen alle Fäden zusammen, und wenn etwas schiefgeht, ist letztlich er verantwortlich und muß deshalb leicht erreichbar sein, auch nach Dienstschluß, auch nachts.

Es gibt vielen Heimbewohnern ein Gefühl der Sicherheit zu wissen, der Heimleiter ist immer für sie da, daß sie sich jederzeit an ihn wenden können, wenn plötzliche Ängste sie plagen. Oder wenn ihnen auf einmal einfällt, daß man sie bestohlen hat. Es gibt immer Heimbewohner, die von dem

24-Stunden-Dienst des Heimleiters Gebrauch machen. Man kann sich natürlich fragen, warum er keine festen Sprechstunden ansetzt. Für ihn wäre das sicherlich eine Erleichterung. Er würde nicht dauernd bei einer wichtigen Arbeit unterbrochen. Wir haben es ausprobiert: Es hat nicht geklappt. Das ist verständlich, und zwar aus zwei Gründen: Viele alte Menschen nennen, zumindest in Gedanken, den Heimleiter »Hausvater«. Ein Vater aber ist für seine Kinder eben immer zu sprechen. Schließlich besteht seine Aufgabe ja darin, für die »Kinder« dazusein. Daß er dafür aber Zeit und ungestörte Ruhe benötigt, können viele Heimbewohner nicht mehr verstehen. Denn – und dies ist der zweite Grund – in dem immer enger werdenden Erlebnisbereich alter Menschen drehen sich Denken und Fühlen fast ausschließlich um die eigene Person. Sie können es nicht begreifen, daß ihr Anliegen weniger dringend sein soll als die Arbeit des Heimleiters. Manche Heimbewohner weinten oder schimpften, als eine Sprechzeit eingeführt wurde. Dem Kontakt zwischen Leitung und Bewohnern war dies sehr abträglich, deshalb wurden die Sprechstunden wieder abgeschafft. Die Tür zum Büro des Heimleiters ist inzwischen wieder für jedermann offen.

Die schwierige Aufgabe, ein Heim zu leiten, wird heutzutage noch erschwert durch den Personalmangel und den häufigen Wechsel bei den Mitarbeitern. Eine latente Unzufriedenheit macht sich dadurch bei den Heimbewohnern bemerkbar. Jedenfalls dachte ich eines Tages, so kann es nicht weitergehen! Besonders im Pflegebereich muß etwas geschehen. Ich besprach die Sache mit dem Heimleiter, was zu dem Ergebnis führte, daß wir Heimbeiräte aus 35 anderen Heimen zu Erfahrungsaustausch und Verbesserungsvorschlägen einluden. Außerdem baten wir die Presse und Vertreterinnen der vier großen Parteien zu uns. Weitere Gespräche folgten und gipfelten in einer großen Demonstration der regionalen Pflegekräfte in Stuttgart auf dem Schloßplatz. Seither haben sich die Verhältnisse etwas gebessert.

Meine Kolleginnen im Heimbeirat waren zuerst entsetzt, daß alte Menschen »auf die Barrikaden gehen« könnten. Aber schließlich waren wir uns einig, daß das Alter kein Hinderungsgrund sein darf, wenn es darum geht, einen Notstand zu beseitigen, der alle alten Menschen angeht. Mir scheint, diese Initiative war nicht nur wegen des Ergebnisses wichtig, sondern weil sie zeigt, daß auch Altenheimbewohner durchaus Einfluß haben können auf öffentliche soziale Belange.

Seit 1975 gilt auch für uns Heimbewohner ein Gesetz, das uns ausdrücklich eine Mitwirkung in allen Angelegenheiten des Heimbetriebes garantiert, das Heimgesetz. Diese Mitwirkung erfolgt durch den Heimbeirat, der in jedem Heim alle zwei Jahre neu gewählt wird. Der Heimbeirat vertritt die Interessen der Heimbewohner im partnerschaftlichen Zusammenwirken mit Heimleitung und Heimträger. Der Heimbeirat ist – oder zumindest sollte er von den Bewohnern so angesehen werden – ein lebender Kummerkasten für Beschwerden und Beschwernisse jeder Art, manchmal auch für ganz persönliche Probleme, hin und wieder auch für konstruktive Vorschläge.

In unserem Haus gibt es keine festen Sprechzeiten der Beiratsmitglieder. So werden manche Probleme »formlos« in der Teeküche, im Flur oder beim Spaziergang im Park erörtert. Fragen, die das ganze Haus betreffen, kommen auf die jeweils nächste Tagesordnung, zum Beispiel: Heimkosten, Personalnotstand, Fragen moderner Ernährung, Umweltschutz im Heim, schwierige (schreiende, unruhige) Patienten, Vorschläge für Feste, Feiern, Ausflüge.

Nach dem Heimbeiratsgesetz sollen die Besprechungen ohne Teilnahme der Leitung stattfinden. Wir laden jedoch unseren Heimleiter – von Ausnahmen abgesehen – zu unseren Besprechungen ein. Denn zu einigen Punkten braucht man sofort seine Stellungnahme, da sonst das Gespräch ins

Leere ginge. Zudem haben wir ja nur Vorschlagsrecht. Unsere Anregungen müßten der Heimleitung sowieso vorgelegt werden. Je nach Thema bitten wir entsprechende Fachkräfte – aus dem Haus oder von auswärts – um ihre Teilnahme. Ständiger Gast ist die Pfarrerin, die unser Haus seelsorgerlich betreut. Ihre Teilnahme ist sehr wichtig, denn sie lernt manche Bewohner von einer Seite kennen, zu denen andere Menschen keinen Zugang haben.

Es ist meist schwer, für ein ausscheidendes Mitglied die Nachfolge zu regeln. Viele Heimbewohner wollen sich nicht mehr engagieren, sie sind einfach zu müde dazu. Zudem fürchten sie, daß sie sich nicht »richtig ausdrücken« können. So bin ich für jeden Menschen dankbar, der sich für diese oft nicht leichte Aufgabe meldet.

KONTAKTE NACH »DRAUSSEN«

Wir leben im Heim nicht wie auf einer einsamen Insel! Es gibt viele Menschen, die regelmäßig an unserem Leben teilnehmen, die helfen, wo es notwendig ist, die mit uns feiern und viele Probleme teilen. Menschen, die da sind, wenn man sie braucht. Andere, die einmal im Jahr mit einer besonderen Überraschung kommen: Musikergruppen oder Solisten, Schulklassen und Kindergärten mit Theateraufführungen, Film- und Dia-Vorführungen. Wichtiger noch als diese Zerstreuungen sind zwei Gruppen, deren Hilfe in der Hauptsache in verständnisvoller Zuwendung zu den Heimbewohnern besteht, die ohne diese Menschen vereinsamen und verzweifeln würden.

Die freiwilligen Helferinnen und Helfer

Diese Gruppe begann 1976 zunächst in Bonn mit ihrer Arbeit und breitete sich bald über mehrere Städte der Bundesrepublik aus. Es handelte sich hierbei um eine Gruppe von vorwiegend Frauen aus verschiedenen sozialen Schichten und Berufen. Bevor die praktische Arbeit begann, absolvierten die Teilnehmer einen geriatrischen Schulungskurs, um ihren »Schützlingen«, den Bewohnern von Alten- und Pflegeheimen, in jeder Hinsicht gerecht werden zu können.

Jede Mitarbeiterin betreut bei uns regelmäßig »ihre« Heimbewohner, das heißt, sie besucht sie zu bestimmten Zeiten, begleitet sie zum Arzt, wenn keine andere Möglichkeit besteht, fährt sie im Rollstuhl im Garten spazieren und begleitet sie zu den Gottesdiensten im Haus und zu allen anderen gemeinsamen Veranstaltungen. Sie hilft beim Weihnachtsbasar und betreut die Cafeteria. Und dann gibt es noch Frau P. Sie ist Schneiderin. Nicht irgendeine. Sie tut weit mehr, als Kleider zu ändern und Wäsche zu flicken. Sie ist Anlaufstelle für alle, die sich einmal mit jemandem aussprechen wollen, der nicht zum Haus gehört, bei dem man also nicht befürchten muß, daß er bewußt oder unbewußt »Partei« ergreift. Sie sieht die Dinge aus einer neutralen Perspektive und kann deshalb manches Mißverständnis erklären und beseitigen. Frau P. kann nicht nur geduldig zuhören, sie kann Trost geben in menschlichen Nöten und Rat in sachlichen Fragen. Und sie ist immer da für die Einsamen und Trostbedürftigen. »Man kann mich jederzeit anrufen, bis nachts um zwölf«, sagte sie. Und es stimmt.

Die Gruppe der Freiwilligen Helferinnen steht laufend mit der Heimleitung und den Schwestern in Verbindung, um über die seelische, geistige und körperliche Verfassung neuer »Klienten« oder über Veränderungen bei den alten im Bilde zu sein. Ohne diesen regelmäßigen, engen Kontakt wäre eine sinnvolle Arbeit kaum möglich. Es werden zum Beispiel viele Klagen und Beschwerden an sie herangetragen, die stimmen *könnten*, es aber keineswegs immer tun, weil die Bewohner auf der Grenze stehen zwischen geistig gesund und verwirrt. Nur wenn diese Tatsache bekannt ist, können die Helferinnen so bei ihren Gesprächen reagieren, daß sie einerseits die Schwestern bei ihrer Arbeit unterstützen und andererseits das Vertrauensverhältnis zwischen ihnen und den »Klienten« nicht gestört wird. Ich glaube, die Gruppe der freiwilligen Helferinnen ist eines der wichtigsten Bindeglieder zwischen den Heimbewohnern und der Welt »draußen«.

DIE SITZWACHE

Frau Sonntag lag im Sterben. »Wer trägt mich in den Himmel?« fragte sie angstvoll. Sie fragte jeden, der zu ihr kam. Keiner verstand, was sie meinte. Auch Frau L. vom Besuchsdienst der freiwilligen Helferinnen verstand die drängende Frage nicht. Aber später, auf dem Heimweg, hörte sie immer noch die verzweifelten Worte: »Wer trägt mich in den Himmel?« In der Nacht starb Frau Sonntag. Niemand hatte sie in den Himmel getragen.

Wochen danach sitzt Frau L. wieder am Bett einer Sterbenden. Die Kranke tastet nach Frau L's Hand. Eine stumme Bitte, sie nicht allein zu lassen auf ihrem letzten Weg. Frau L. hält ihre Hand bis zum Ende. Sie hat – verspätet – die Frage von Frau Sonntag verstanden. Sie hat die Sterbende »in den Himmel getragen«.

So entstand der Gedanke einer »Sitzwache«.

Frau L. gab Anzeigen auf in Kirchenzeitungen, Gemeindeblättern u. ä. Das war 1984. Inzwischen sind aus erst zögerlichen Anfängen in einer Reihe von Städten gleiche Gruppen entstanden. Die Mitglieder – Frauen und Männer wachen im 4-Stunden-Turnus (wenn nötig rund um die Uhr) bei den Menschen, die niemanden haben, der in den letzten Tagen bei ihnen ist. Die Sitzwache arbeitet eng mit den Schwestern und Pflegern zusammen und führt Buch über die Vorkommnisse während ihres Einsatzes. Die jeweiligen Einsätze werden von der Gruppenleiterin geregelt, möglichst so, daß eine menschliche Übereinstimmung zwischen Wache und Patient möglich ist.

Ich weiß nicht, was ich damals ohne Sitzwache gemacht hätte: Meine 99jährige Pflegemutter war während der letzten Monate ihres Lebens zunehmend verwirrt, unruhig und zeitweise aggressiv geworden. Ich konnte sie nicht mehr allein lassen. Auch nachts nicht, da sie die Tageszeiten nicht mehr unterscheiden konnte und Beruhigungspillen kaum wirkten. Ich hatte mir angewöhnt, des Nachts alle halbe Stunde nach ihr zu sehen. Zwischendurch döste ich ein bißchen. An Schlaf war nicht zu denken. Schließlich war ich so fertig, daß ich um eine Sitzwache für die Nacht bat. Ich glaube, daß es nicht nur für mich eine Beruhigung war zu wissen, daß ein Mensch bei meiner Pflegemutter war, so daß ich einmal »zu mir kommen konnte«. Ich bin überzeugt, daß auch meine Pflegemutter die helfende Gegenwart der Sitzwache wahrnahm. Warum sonst hätte sie entspannt und ruhig dagelegen? Ein Beruhigungsmedikament allein kann es nicht gewesen sein, denn das bekam sie ja auch am Tag. Die gleichbleibende Ruhe der Sitzwache, ihr Da-Sein im umfassenden Sinne des Wortes, wirkte sich wohltuend auf meine Pflegemutter aus. Denn wir gehen ja wohl davon aus, daß es Kommunikationsströme gibt, die unabhängig sind von der körperlichen und geistigen Verfassung. Nach meiner Beobachtung ist die Sitzwache besonders geeignet für die Begleitung auf dem letzten Weg. Die Mitglieder erfüllen ihre Aufgabe freiwillig und ohne Entgelt. Im Gegensatz zu den Kontrollgängen der Heim-Nachtwache betreut sie jeweils nur einen Menschen. Sie kann sich ihm also voll und ganz widmen. Nicht, daß sie ständig mit ihm beschäftigt ist. Sie ist eben *da*.

Es ist bestimmt keine leichte Aufgabe, die sich die Sitzwachen gestellt haben: immer wieder einen anderen Menschen auf seinem letzten Weg zu begleiten. Bei einem Gespräch mit Mitgliedern der Sitzwache in unserem Hause sagte eine junge Frau: »Nach jedem Einsatz gehe ich beschenkt nach Hause.«

ICH BIN HIER ZU HAUS

Meine Freunde und Bekannten fragen mich häufig, wie es mir denn im Heim gefalle, nach all den Jahren. Und wenn ich jedesmal sage: »Gut, ich bin gerne dort«, können sie es nicht fassen. Das ist nicht nur so hingesagt. Meine Antwort gilt auch, wenn mal etwas nicht so zufriedenstellend ist und man es leicht ändern könnte. Oder wenn irgendein Heimbewohner mir schrecklich auf die Nerven geht. Schließlich hat sich alles erfüllt, was ich mir vom Heimleben erwartet hatte. Dazu muß ich sagen, daß man mich im allgemeinen für sehr kritisch hält, daß ich das Leben nicht unbedingt durch eine rosarote Brille betrachte.

Ich finde es jeden Tag sehr erfreulich, daß ich nicht putzen muß, daß ich nicht einkaufen und kochen muß. Ein weiterer Vorteil des Heims liegt darin, daß ich versorgt werde, wenn ich krank bin, und deshalb nicht ins Krankenhaus muß. Bei leichteren Erkrankungen von absehbarer Dauer ist die Versorgung von der Pflegestation aus gewährleistet. Zudem kommt der Arzt (nach meiner Wahl) ins Haus.

Und was man auch nicht vergessen darf: Wenn man sich einsam fühlt, wenn man einen Rat braucht oder wenn man sich einfach mal wieder aussprechen möchte, findet sich eigentlich immer einer unter den Bewohnern, zu dem man gehen kann, was »draußen« aus praktischen Gründen nicht immer möglich ist.

Trotzdem gibt es im Heim für viele Menschen lange, einsame Stunden. Aber kann man die nicht überall und in jedem Alter erleben? Auch in der Familie, auch als junger Mensch? Nur fallen sie im Heim wahrscheinlich mehr auf, weil man sich vorgestellt hat, daß die Vertreibung der Einsamkeit sozusagen im Preis mit inbegriffen ist.

Es gibt so viele Menschen hier, die mit verbittertem, freudlosem Gesicht durch den Tag gehen, denen man nur mit Mühe ein Lächeln entlocken kann, Menschen, bei denen ich das Gefühl habe, daß für sie Freude und Fröhlichsein mit fortschreitendem Alter nicht zu vereinbaren sind, daß es sich einfach nicht schickt.

Zum Glück tauchen in meiner Erinnerung aber auch Menschen auf, die mir beweisen, daß es auch anders sein kann, zum Beispiel meine frühere Englischlehrerin. Sie lebte in einem benachbarten Heim, das so ungünstig liegt, daß man es ohne Auto nicht erreichen kann. Verwandte und Freunde hatte sie nicht mehr, bzw. sie kümmerten sich nicht um sie. Meine regelmäßigen Telefongespräche waren ihre einzige Verbindung zur Außenwelt. Sie war bettlägerig, hatte große Schmerzen und war zudem seh- und hörbehindert. Aber geklagt hat sie nie. Kurz vor ihrem Tod mit 97 Jahren sagte sie: »Ich hatte ein reiches Leben. Es war nicht immer einfach. Aber ich glaube, ich habe meine Pflicht getan. Und jetzt? ... Nun ja, ich freue mich jeden Tag an dem schönen Baum vor meinem Fenster. Den kann ich gerade noch erkennen. Wissen Sie, es gibt immer noch etwas, das einem Freude macht.«

Manche Heimbewohner machen das Heim für ihre dauernde seelische Verstimmung verantwortlich. Manche deuten es nur an. Frau Danner sagte es sehr deutlich: »Ich war früher so ein heiterer Mensch. Was habe ich gerne gelacht. Und jetzt? Ich weiß gar nicht mehr, wie das ist, wenn man vergnügt ist. Und wissen Sie was? Daran ist nur dieses gräßliche Heim schuld.« Frau Danner ist übrigens nicht die einzige, die so denkt. Negative Gedanken und Empfindungen scheinen eine merkwürdige Anziehungskraft auszuüben.

Trotz vielfacher belastender Spannungen ist das Heim für mich und auch für andere nicht nur eine »letzte Bleibe«, mit der man sich abfinden muß, sondern es kann ein neues Zuhause werden. Frau Mottmann (ich habe schon von ihr berichtet) schildert es so: »Wenn ich anfangs so beobachtete, wenn jemand ins Krankenhaus kam, habe ich gedacht: Na ja, die kommt nun wohl nicht wieder. So endet das also hier. Aber sie ist dann doch wiedergekommen. Und nun war ich selber im Krankenhaus. Als ich dann entlassen wurde, habe ich mich richtig gefreut und gedacht: Jetzt gehe ich heim. Heim ins Heim.«

Und das ist auch meine Empfindung. Ich bin wirklich hier zu Haus. Das verdanke ich einmal den Menschen, mit denen ich mich im Laufe der Jahre sehr verbunden fühle, zum anderen der Tatsache, daß ich meinen vielerlei Interessen nachgehen kann, die auch dem Haus zugute kommen. Und ich hoffe, daß das Gefühl der Geborgenheit mir bis zum Schluß nicht verlorengeht.

DIE AUTORIN

Geboren am 12. September 1913 in Wiesbaden.

Nach dem Krieg Übersetzerin und Redakteurin bei pädagogischen Fachzeitschriften.

Stipendium in Cleveland/USA an der School of Applied Social Sciences; Studium der Sozialarbeit und Psychagogik in Stuttgart. Freie Mitarbeiterin beim Süddeutschen Rundfunk zu den Themen Psychologie und allgemeine Lebensberatung. Dozentin für Soziale Gruppenarbeit an der Fachschule für Sozialarbeit in Stuttgart.

Seit 1976 lebt Marie Anne Berlé in einem Altenheim in Stuttgart. Sie ist dort Vorsitzende des Heimbeirats und bietet zahlreiche Gruppenveranstaltungen (Gedächtnistraining, Puppenspiele, Lesenachmittage etc.) an.

WEITERE TITEL AUS DER EDITION JOHANNES KUHN

Waltraud Boelte
HALTE DEINE TÜR OFFEN

Christine Brückner
LIEBER ALTER FREUND

Tobias Brochner
ALLEIN – ABER NICHT EINSAM

Johannes Kuhn
ZEIT BRINGT ROSEN

Hermann Portheine
DAS HERZ – UNSERE LEBENSMITTE